NACHKRIEGSSCHAMANISMUS

IFK Internationales Forschungszentrum Kulturwissenschaften / Kunstuniversität Linz in Wien

lectures & translations

Hg. von Karin Harrasser und Thomas Macho

ULRICH VAN LOYEN

Nachkriegsschamanismus

Beiträge zu einer Kultur der Niederlage

TURIA + KANT
WIEN–BERLIN

Bibliografische Information der Deutschen Nationalbibliothek
Die Deutsche Bibliothek verzeichnet diese Publikation in der Deutschen Nationalbibliografie; detaillierte bibliografische Daten sind im Internet über http://dnb.ddb.de abrufbar.

Bibliographic Information published by
Die Deutsche Nationalbibliothek
The Deutsche Bibliothek lists this publication in the Deutsche Nationalbibliografie;
detailed bibliographic data are available on the Internet at http://dnb.ddb.de.

ISBN 978-3-98514-084-8

Cover: Bettina Kubanek, Visuelle Gestaltung, Berlin

VERLAG TURIA + KANT

A-1020 Wien, Leopoldsgasse 14
Büro Berlin: D-10827 Berlin, Crellestraße 14
info@turia.at | www.turia.at

Inhalt

Schamanismus ist, wo man mit muss. Zur Einleitung

Wer sich nicht fürchtet, wird Held.
Wer sich nicht schämt, wird Schamane.
(Westmongolische Redensart)

Länger war es her, dass die Bewohner der westlichen Hemisphäre sich mehrere Tage in Folge in banger Erwartung den Nachrichten hingaben. Aber sowohl am 6. Januar 2021 als auch ab dem 24. Februar 2022 war es so weit. Im einen Fall hatten, um der offiziellen Ausrufung des Sieges von Joseph Biden bei den US-amerikanischen Präsidentschaftswahlen zuvorzukommen, Anhänger von Donald Trump das Kapitol, den Sitz von Senat und Repräsentantenhaus, gestürmt, wobei zwar ein Wächter ums Leben kam, aber die Nationalgarde die Eindringlinge vergleichsweise freundlich behandelte. Auf dem Korridor, unter den gemalten Augen der amerikanischen Gründungsväter, entstand ein ikonisches Bild: der sogenannte QAnon-Schamane, später als Jacob Chansley identifiziert, mit seinem von einer Bisonmaske bedeckten Kopf und nacktem, von kosmologischen Tätowierungen der sogenannten First Nations verzierten Oberkörper, in gespannter, hautfarbener Pyjamahose, stößt, neben einem anderen, diskussionsfreudigeren Aktivisten stehend, einen offensichtlich als markerschütternd gedachten

Schrei aus. Fast drei Jahre nach der Aufnahme entbehrt das Foto nicht einer gewissen Komik. Ist diese Inbesitznahme des Kapitols nicht eine Farce der Geschichte, eine Verhöhnung der gemordeten Indigenen?

Das andere Ereignis ist die Invasion der Ukraine durch das von Wladimir Putin angeführte Russland. Die »militärische Spezialoperation«, wie es im Neusprech der russischen Offiziellen heißt, hat neben unsäglichem Leid eine Kette der Entflechtung – zwischen Russland und der westlichen Welt – sowie der Verflechtung – zwischen Politik, Wirtschaft und Kultur in den jeweiligen nun geteilten Zonen, aber auch zwischen den Ländern der sogenannten Demokratien wie zwischen einigen autokratisch regierten Staaten – so in Gang gesetzt, dass man wohl von einer welthistorischen Zäsur sprechen muss. Hinzu kommt, dass die Invasion intellektuelle und ökonomische Kräfte bündelt, die gerade für die Herausforderung der Klimakatastrophe dringend benötigt werden. Aber noch etwas fällt auf: Mit der russischen Invasion ist auch das Schreckgespenst des Atomkriegs wieder in eine Welt zurückgekehrt, die lange an ein friedliches »Ende der Geschichte« glaubte, wie ein Bestseller des Politologen Francis Fukuyama vor dreißig Jahren verheißen wollte. Damals hatte der Kalte Krieg oder einfacher: die Nachkriegszeit geendet. Zumindest hatten das viele im Westen so gesehen. Im Osten behielt man auch darauf eine andere Perspektive. Gerade Russlands »Spezialoperation« beweist die Absicht, das vermeintliche Ende des Kalten Krieges und damit die Transformation der Welt in eine unter der Ägide eines multiregional operierenden Ordnungspolizisten stehende *pax americana* nicht anzuerkennen, mehr noch: diese Phase der Geschichte als Beinahe-Niederlage zu interpretieren und folglich zu rächen.

Dass Totgeglaubte zurückkehren, selbst wenn sie, wie bei Putins Beschwörung der eigenen Alternativlosigkeit gegenüber seinen höheren Chargen, eher Zombies zu sein scheinen, verlangt nach entsprechender ritueller Rahmung. So war man nicht erstaunt zu erfahren, dass Präsident Putin und der sibirienstämmige Verteidigungsminister Sergej Schoigu sich nicht zuletzt Beistand durch einen Schamanen gesucht hatten, der den günstigen Ausgang des Angriffs vorhersagte. Der orthodoxe Patriarch Kyrill II mochte ob seiner geheimdienstlichen Vergangenheit mit der Manipulation der Zukunft durchaus vertraut sein. Er stand aber auch unter einem Gesetz, das sie offiziell verbot. Dem Schamanen hingegen waren prekäre Situationen nicht fremd, für ihn hatte die Identifikation des günstigen Moments, des *kairos*, einen vitalen Sinn. So wichtig er aber für das Unternehmen gewesen sein mag, anders als vom QAnon-Shaman gibt es kein Bild, das ihn uns zeigt. Indes existiert eines des im Juli 2021 in psychiatrische Verwahrung geschickten Aleksander Gabyshev, der ab September 2019 die 3.000 Kilometer von Yakutsk nach Moskau großteils zu Fuß zurücklegen wollte, um, gewissermaßen durch eine magische Graswurzelrevolution, den Kreml von Putin spirituell zu reinigen. Gabyshev hatte sich ebenfalls als Schamane ausgegeben, er trug gar traditionelle Utensilien und Pflanzen bei sich. In dieser Hinsicht ähnelte er dem QAnon-Shaman. Auf den im Umlauf befindlichen Fotos allerdings sieht man einen zutiefst verstörten jungen Mann mit suchendem Blick, dem die demonstrative Selbstsicherheit seines amerikanischen Pendants entschieden abgeht.

Die Wiederkehr des Schamanen passt in eine Zeit unsicherer Machtverhältnisse. Sie drückt den Wunsch nach Ermächtigung genauso aus wie das Zersplittern der Macht. Wer etwas auf sich hält, wird den Schamanen eine Weile wirken lassen, um ihn dann wieder in die Versenkung zu schicken: Putin, Trump haben es jeweils so gehalten. Denn der Schamane verkörpert neben seinem geheimen Wissen auch historische Missgeschicke: geschrumpfte Imperien, in denen der Hofweissager sich plötzlich als kleiner Heiler wiederfand und ein paar Tricks aufwenden musste, um Glauben und Anhänger zu finden. An dem prekären Status von Gesellschaften mit Schamanismus haben diese spirituellen Experten kaum etwas zu ändern vermocht. Auch theologisch oder weltanschaulich sind sie unsichere Kantonisten, mangels Schriftkultur jedenfalls keine Dogmatiker. Darum scheint es, aus der Perspektive der Mächtigen, zunächst einfacher auf sie zu rekurrieren. Und bildet der Schamanismus im riesigen russländischen Reich nicht eine folkloristisch formatierte, kulturelle Verfügungsmasse?

Dass es sich dabei meist um *invented traditions* handelt, die nicht selten aus ethnographischen Quellen der Besuchenden rekonstruiert werden, liegt an der grausamen Vorgeschichte: der Domestizierung, Wegsperrung, ja Vernichtung eines lokal gebundenen Wissens, mit dem weder China noch die Sowjetunion (und ebenso wenig zuvor die USA) sich arrangieren mochten. Es stand der individuellen Emanzipation, dem Fortschritt oder dem staatlichen Monopolkapitalismus im Weg. Wie erklärt sich dann seine Wiederkehr?[1]

Zum einen, wie im Folgenden argumentiert wird, schlägt hier ein Effekt der Indigenisierung durch. Der Ethnologiehistoriker James Clifford hat in *Returns* (2013) darauf hingewiesen, dass bei aller Globalisierung wohl keine Epoche von einer stärkeren Sehnsucht nach

---

[1] Erhard Schüttpelz hat die notwendigen Bedingungen erörtert, unter denen Schamanismus wieder er- oder gefunden werden kann (während es mir nur um die hinreichenden geht): und zwar in einem Zusammentreffen zwischen jenem, der einen Überschuss an Signifikanten und jenem, der davon einen Mangel repräsentiert (und Heilung begehrt) vor einer Öffentlichkeit. »Die Heilung ist zugleich ein Geschenk im Tausch zwischen den drei Polen, ein charismatisches Geschenk der Symbolisierung [...], das nicht der Schamane der Öffentlichkeit macht und das keine Öffentlichkeit hervorrufen kann, sondern nur der Patient und potentiell jeder Patient, dessen Leiden durch eine rituelle Symbolisierung geheilt worden ist, ein Geschenk, an dem der Schamane nur dadurch beteiligt ist, dass er Patient war und bleibt.« (Schüttpelz 2012: 259)

Rückkehr in soziale Ursprungsformen geprägt gewesen sei als die unsrige. Denn in der Regel verläuft die erfolgreiche Teilnahme am Allgemeinen über die Bestärkung kultureller Eigenheiten, und im globalen Wettkampf erweist sich gerade das Unverwechselbare als Vorteil, sowohl auf dem Markt als auch für das seelisch-kulturelle Überleben. Dazu kommt, dass Indigenisierung eben nicht als Rückzug in abgeschirmte Kommunikationszusammenhänge erfolgt, sondern mittels sozialer Netzwerke weltweit geteilt wird. Schließlich aber – und dies ist eine These, die besonders im dritten Essay der vorliegenden Sammlung im Zentrum steht – kann Indigenisierung auch eine gesellschaftliche Strategie der Verwindung von Niederlagen bilden. Im Fall der Deutschen und Österreicher nach dem Zweiten Weltkrieg erlaubte es die Umschrift zum (post)kolonialen Volk, die Anwaltschaft für andere Indigene zu übernehmen, eben weil man die Kosten der Maßstabsvergrößerung am eigenen Leib gespürt hatte (nachdem man den Kredit darauf mit großem Enthusiasmus beantragt hatte, versteht sich). Die Indigenisierung fungierte hier als Ent-Schuldigung für größtmögliche Verbrechen. Ähnlich liegt der Fall dort, wo die Betonung traditionellen lokalen Wissens den Legitimationsverlust der Kirchen, etwa der Katholischen, kompensiert: dort stellt, wie im Fall Süditaliens und seiner wiederentdeckten und wiedererweckten Riten, die Indigenisierung einen Modus der Säkularisierung dar. Aber auch hier ist das Besondere, unverwechselbar Eigene, nur so viel wert, wie es durch die Teilnahme am System familienähnlicher Kulte und Existenzweisen gewinnt: Die Argumente für die Überlegenheit *eingeborener* Kultur stammen aus der gemeinsamen, geteilten Welt der Indigenen, die bestimmte Fehler der großkalibrierten Gesellschaften nicht nur vermeiden, sondern ihnen abhelfen. Freilich müssen sie dann eben auch selbst groß (als global gespannte Netze mit kosmologischen Vollmachten) vorgestellt werden.

Und hier gilt es schließlich beim Revival anzuknüpfen, an dem neben Aktivisten, Folkloristen und Politikern auch die Wissenschaft teilnimmt. Im Zeitalter des Anthropozän, in dem der Mensch ein geophysikalischer Faktor geworden ist, sodass es kein Erdzeitalter mehr ohne ihn geben wird (bzw. überhaupt kein weiteres *Erd*-Zeitalter), erscheinen das reichweitenbezogene Downsizing von Gesellschaften ebenso wie die Fähigkeit, Allianzen mit nicht-menschlichen Entitäten einzugehen, sprich: den Umkreis der Gesellschaft und des in ihnen Repräsentierten lokal zu vergrößern, als ethische und politische Notwendigkeiten. Nun treten Schamanen in Kontakt mit den Lebenden und den Toten. Die Voraussetzung ihres Handelns und Vorstellens ist ein umfassender Animismus, die Annahme der Doppelnatur (aus Erscheinung und Lebensprinzip) alles Seienden. Ihre Fähigkeit, mit dem Sprachlosen zu sprechen, mit Bäumen und Steinen, mit Wässern und Bergen, fußt auf der Möglichkeit eines mimetischen Gleichklangs, aufgrund dessen diese rituellen Experten überhaupt von den Vertretern anderer Existenzweisen akzeptiert werden. Dieser mimetische Gleichklang wird, darauf hat der austro-amerikanische Ethnologe Michael Taussig wiederholt hingewiesen, in zunehmendem Maße in einen Exzess geführt: aufgrund der Umweltzerstörung aber auch der Unsicherheit einer Welt, in der zwischen Perioden der »Normalität« und des »Ausnahmezustands« immer weniger unterschieden werden kann. Die Etablierung von Ritualen als Scharnieren zwischen diesen Zuständen ist dann ebenso notwendig wie selbst prekär. Von einer solchen Prekarität werden die Schamanen der letzten Welt heimgesucht und hier entfalten sie, wie die Vertreter amerindianischer Kulturen, ihre umfangreichen Kosmologien. Sie, die so zahlreiche Weltuntergänge überlebt haben, und in deren halbnomadischem Leben sich die Wurzellosigkeit menschlicher Existenz schlechthin spiegelt, geben einer immer ratloser werdenden westlichen Öffentlichkeit ein Beispiel (das erklärt den weltweiten Erfolg von Büchern wie *Falling Sky,* 2010, einem Gespräch zwischen dem Anthropologen Bruce Albert und dem Yanomami-Schamanen Davi Kopenawa).

Gleichwohl sei angemerkt, dass auch diese Meister des Nicht-Beherrschens (»mastery of non-mastery« nennt Taussig ihr Operieren) politisch ambivalent wirken. Als Repräsentanten der letzten Welt sind sie für die Mächtigen attraktiv. Aus der Behauptung von indigener Zugehörigkeit und kosmologischer Funktion – ihrer

Wirkung als Katechon – resultiert ihr ubiquitärer Einsatz in modernen Verteilungskämpfen: um Land, Rohstoffe und die Herzen der Menschen. In dem Sinn ist ihre Mobilisierung durch den russländischen Faschismus und die extreme Rechte in Amerika kein Zufall. Ob die Schamanen selbst Wege zur Abrüstung finden?

***

Die in diesem Band versammelten Beiträge führen verschiedene Überlegungen zur kulturellen Herkunft des jüngeren Schamanismus zusammen. Sie konzentrieren sich, den Kompetenzen ihres Verfassers entsprechend, auf deutsche und italienische Geschichte und Gegenwart devianter Religion und Kultur, und verleihen der vielleicht etwas hochgestimmten Überzeugung Ausdruck, dort ließen sich, gleichsam vom Rand der Szene, relevante Bestimmungen des Schamanismus (wenigstens als heuristische Form, wenn nicht als epistemologischer Ursprung) aufzeigen. Sie wurden jeweils in anderer Form und Perspektivierung zu Gehör gebracht oder publiziert und wurden für diesen Band entscheidend überarbeitet. Die These, es könnte sich bei den untersuchten Phänomenen um Schamanismus, gar um »Nachkriegsschamanismus« handeln – dass Schamanismus schlechthin Ausdruck von Nachträglichkeit sei, stellte sich als Einsicht bald ein – ergab sich erst im Lauf der Zeit. Deshalb steht der titelgebende und Thesen bündelnde Aufsatz am Schluss.

Im ersten Essay, der vom possessiven Verhältnis einer Frau zu ihrem tödlich verunglückten Neffen berichtet, fällt das Wort »Schamanismus« noch nicht. Dies hat auch damit zu tun, dass der Text ursprünglich (2017) mit einem anderen Interesse geschrieben wurde: auf der Suche nach Belegen für Italiens alternative Moderne, für die traditionellen Ressourcen, die in kurzer Zeit eine Ankunft des italienischen Südens in der Moderne erlaubten. Zudem ist der Text eine Erinnerungsgabe an meinen Freund Luigi di Gianni (1926-2019), über dessen Tod seine Frau mich unterrichtete, als ich eine frühere Variante an einer deutschen Universität vorzutragen ansetzte. In Giuseppina, der Protagonistin von Luigis Filmen, kann man allerdings ohne Schwierigkeiten einige schamanistische Züge ausmachen: neben der Trancetechnik, den Tranceorten – der »Himmelsleiter« – sind dies vor allem ihre heilerische Tätigkeit und das Inszenieren bzw. Aufschieben von Konflikten, ja sogar des Weltendes. Vielleicht zeigt sich darin, dass eine schamanistische Schlüsselkompetenz tatsächlich im Zeit-Management besteht: Im Heranrücken des Endes, der Drohgebärde, mit der das »wilde Heer« gerufen wird, und in dessen Aufhalten äußert sich die Fähigkeit, die Zeit anzuhalten, ja womöglich zurückzudrehen. Die heilerische Tätigkeit kann als eine unmittelbare Konsequenz dieses Zeit-Managements interpretiert werden: man kehrt an den Ausgangspunkt der Krankheit zurück, an den Moment, als ihr Kommen entschieden wurde. Eine solche kosmologische Spiegelung der drängenden Lebensprobleme, oder besser: eine solche Rückspiegelung kosmologischer Konflikte in individuellen Lebenssituationen, erscheint wahlweise als größenwahnsinniges Hochskalieren derjenigen, die ihre Macht verloren haben, oder als abergläubisches Downgraden von an Lebensangst leidenden Subalternen. In bäuerlichen Gesellschaften wird es immer beides geben – und vermutlich macht dies ihren Reichtum aus, auch am Ende der bäuerlichen Welt, von dem mein Essay durch die Augen und Worte anderer erzählen möchte. Ich habe versucht historisch vorzugehen, Materialien verschiedener Herkunft miteinander zu verbinden; ich bin aber auch selbst wiederholt durch Campagna gestreift, um mir ein Bild vom Nachleben dieses Kultes und seinen Energien zu verschaffen.

Der zweite Essay ist einem katholischen Heiligen gewidmet, der nicht erst nördlich der Alpen, sondern schon nördlich der *campania felix* Misstrauen erregt: Padre Pio. Auch diesen Text, in dessen Zentrum die Begegnung zwischen einem deutschen Anarchisten und dem wundertätigen Kapuziner steht, vermochte ich erst niederzuschreiben, nachdem ich zwischen den Orten, auf die der um Padre Pio entstandene Kult referiert, empirische Linien gezogen hatte. Ich perspektiviere Padre Pio in der longue durée einer Geschichte bäuerlicher – und eben nichtstaatlicher – Macht, für die die Machtquelle Liminalität konstitutiv ist. Sie bindet Überlieferungen von eifersüchtigen Engeln (vom Erzengel Michael, dem in S. Michele Arcangelo eine der seltenen Kirchen gewidmet ist, zu der man durch den Fels hinabsteigen muss) ebenso mit ein wie die Überlieferungen unnahbarer Heiliger, die zugleich geben und nehmen (San Donato im salentinischen Montesanto). Diese Macht Padre Pios wird durch seine Medialisierung als Fernsehheiliger vervielfacht und zugleich domestiziert; er ist der Medienheilige par excellence. Mein Aufsatz stellt allerdings die Frage, in welchem Maß dieser Heilige am Konzept des Schamanismus Teil hat, und was diesen in Süditalien zu bündeln vermag. Die Bilder von Padre Pios Entrückung schließen an zahlreiche Entrückungsbilder an; das Unsichtbare ist in ihnen gewissermaßen aufgehoben, es kann als leeres Zeichen zirkulieren, und wird doch durch die Bilder des Heiligen kontrolliert. Als Gegenstand der neuen Medien, vor allem des Fernsehers, ist Padre Pio überall gleichzeitig. Mehrfachlokationen werden seine Norm, und das, was ihn lokalisiert, das Medium, erhält durch ihn als Heiligen seine Absolution. Dies verstehe ich als Akzent von Macht, aber einer, die sich der bewusst gesteuerten Handlungsmacht des Protagonisten entzieht. Sie verstärkt meines Erachtens entscheidend Padre Pios schamanische Züge.

Der dritte Essay schließlich geht auf den Vortrag am IFK zurück, der dem Band seinen Titel gibt. Hier suche ich Belege für die These, wonach die Konjunktur des Schamanismus mit der versuchten Exkulpierung der Täter des Zweiten Weltkriegs zusammenhängt, die, von den Alliierten und der Geschichte besiegt, nunmehr als Indigene ihren alten »Schatz an Legitimation« (E. Klett) neu durchsieben. Ich versuche, wie auf einer Schnur, verschiedene Momente dieses Nachkriegsschamanismus und seiner Kritik aneinander zu reihen, wobei ich mir bewusst bin, dass jede dieser Vignetten eine weitere Vertiefung verdiente, die allerdings an anderer Stelle zu leisten wäre. Von diesem Vortrag ausgehend ergibt sich auch für die in den beiden vorangestellten Essays angeführten oder angedeuteten Schamanismen ein neuer Sinn: Sie deuten jeweils auf Momente in der europäischen bzw. italienischen Nachkriegsgeschichte, in denen sich die soziokulturellen Übergänge anhand eines neuen Verständnisses von Stärke und Schwäche moderieren ließen.

* * *

Mein herzlicher Dank gilt Martin Baumeister, Anja Dreschke, Carlo Ginzburg, Karin Harrasser, Thomas Macho, Stefano de Matteis, Sabina Pavone, Chiara Petrolini, Antonio Roselli, Michaela Schäuble, Erhard Schüttpelz und Ehler Voss für oft über Jahre sich erstreckende Gespräche – und nicht zuletzt für die wunderbare Zeit am IFK in Wien. Herzlichen Dank ebenso an die Gerda Henkel Stiftung.

Fumone im Frühjahr 2024

Mit der Stimme eines Anderen. Versuch über Autorität und Medien im Alberto-Kult

1

Dies ist der Versuch, einen Kult zu verstehen durch die Bilder, die von ihm handeln; zugleich ein Versuch, diese Bilder zu verstehen durch den Kult, der sie provoziert hat und sich in ihnen auslegt. Der Ausgangspunkt ist Campagna, eine mittlere, im November 1980 vom Erdbeben stark beschädigte Kleinstadt in den Bergen hinter Salerno, die einer Reihe kleinerer Ortschaften vorsitzt. Wer in Campagna wohnt, betreibt, anders, als es der Name des Ortes erwarten lässt, keine Landwirtschaft, sondern ist Lehrerin oder bescheidener Staatsdiener und hat im besten Fall noch ein paar Ländereien, mit denen er in der Regel nicht viel anzufangen weiß. Die es besser wissen, leben hinter einem mächtigen Berg und sind verwaltungstechnisch mit Campagna assoziiert. Aber erst seitdem eine Autostraße gebaut wurde, braucht es weniger als eine halbe Tagesreise dorthin. Diese Landwirte haben lange auf den Besitztümern der Leute in Campagna gearbeitet, bevor sie selbstständig wurden. »Heute sind die anderen vermögender als wir«, sagen einem die Campagnesi, die ihre Kinder an die Provinzuniversität nach Fisciano senden und am Kulturleben in Salerno, Neapel oder vielleicht sogar in Rom teilnehmen. Sie glauben, die Bauern hätten nichts, wofür sie Ausgaben machen müssen, in mehr als einem Sinn sei bei ihnen das Geld für nichts gut.

Zeugnisse der höheren Kultur haben sich im Hauptort erhalten. Da gibt es zahlreiche Kirchen mit Priestern, die seit jeher speziellen Interessen nachgehen: Einer schreibt Bücher über Fegefeuer und Engel,[2] während ein anderer den geomagnetischen Zusammenhang zwischen der Heiligkeit und den die Altstadt umschließenden Felsbächen untersucht. Don Carlo heißt dieser Priester, ein ehemaliger Kernphysiker, der ein Projekt am Centro Nazionale di Ricerca (CNR) beantragen durfte, über das er geheimnisvolle Andeutungen macht. Er steht der Kirchengemeinde vor, die die sogenannte *colonna degli indemoniati* beherbergt, eine antike Säule, an die man Besessene band, um sie zu exorzieren. Dieser Brauch ist mit dem heiligen Mönch Sant'Antonino (gestorben 625 n. Chr.) verbunden, der als Eremit in den umliegenden Bergen lebte, sich mehrfach mit der Orthodoxie anlegte und schließlich in der Stadtmauer von Sorrent begraben wurde: sprichwörtlich

---

[2] Don Marcello Stanzione, der Gründer der »Milizia di San Michele Arcangelo«, gilt als Experte für »Angelologia«. Sein Buch *I Papi e gli angeli* (2010) ist eine Verteidigung der Engel gegen ihre psychologische Explikation und ihr allmähliches Verschwinden aus der Kirche seit dem 2. Vatikanischen Konzil.

ein liminaler Heiliger. Er ist der Schutzpatron von Campagna, vor seiner mächtigen Statue muss vorbei, wer sich der *colonna degli indemoniati* nähern will. Don Carlo will nicht in den Verdacht geraten, alte oder als unwissenschaftlich ausgesonderte Rituale zu pflegen. Seine exorzierenden Gebete spricht er für die nicht mehr sehr zahlreichen Menschen, die oft über Verwandte von der Existenz der Besessenheitssäule erfahren haben und aus fernen Provinzen anreisen, um in der gebirgigen Abgeschiedenheit Frieden mit sich und der Welt oder, wenn sie aus dem Süden stammen, mit ihrer Herkunft zu schließen.[3]

2

In einem jener Weiler, die lange das ökonomische Rückgrat Campagnas bildeten, hat sich ein anderer Kult um einen allerdings nicht von der Amtskirche autorisierten Heiligen erhalten. Im Straßendorf Serradarce, um einen Felsen, ein paar Olivenhaine und eine platanengesäumte Chaussee von Campagna entfernt, gibt es zwei Bars, mehrere abgeschlossene Höfe, kaum Geschäfte, aber dafür Don Silvio von der charismatischen Gemeinschaft der Diener des Lebendigen Christus (»Servi di Cristo

---

[3] Zahlreiche Pfarrer dieser Gemeinde haben Aufgaben als Exorzisten übernommen und sich dabei immer wieder auf die Säule des Hl. Antonino und ihr zugeschriebene Heilungen berufen. Vgl. Scafoglio & de Luna 2004.

Vivo«). »Verstockt« erscheinen ihm die Leute hier, dabei bedürften sie dringend einer Evangelisierung. In acht Jahren habe er kaum Fortschritte erzielt, stattdessen viel Misstrauen erfahren, zumal seine Gemeinschaft das Zungenreden und die körperlich erfahrbare Niederkunft des Heiligen Geistes praktiziere. Das hatten sie sich einfacher vorgestellt.

Don Silvios Kirche ist der umgewandelte Bau einer Kultstätte, deren Seitentrakt die Wohnung eines gewissen Alberto beherbergte, der 1957 von einem Lastwagen getötet wurde. Das *corpus delicti* hatte man danach jahrzehntelang ausgestellt. Ein massiver roter Ziegelbau mit kleinen bemalten Fenstern ist darum entstanden, eine Art Wehrkirche im Dorf. Zwischen dem unteren und dem oberen Bereich des Gebäudes verlief eine Treppe, im Volksmund die *Scala Santa*, auf der eine Frau regelmäßig in Trance geriet und von dem Getöteten besessen wurde, der seinen Hinterbliebenen durch diese Inkarnation das Heil bringen wollte. An den Kult erinnert eine Tafel, an seine Unangemessenheit und potenzielle Gefährlichkeit gemahnen die Gitter und Absperrungen, die misstrauischen Blicke der umliegend Wohnenden, und nicht zuletzt Don Silvio selbst, der darauf angesprochen sagt, er ziehe es vor darüber zu schweigen. In diesen Ortschaften sei es ratsam, eine alte Grundregel seiner neapolitanischen Jugendzeit zu beherzigen: »Sei mit jedem befreundet, aber vertraue niemandem.«

Dass ein Mindestmaß an Vertrauen unerlässlich ist, beweist hingegen ein dokumentarischer Kurzfilm des mehrfach ausgezeichneten römischen Filmemachers Luigi di Gianni (1926-2019), *Nascita di un culto* (1968).[4] Dieser hat zur Protagonistin die besagte trancebegabte Frau in ihren späten Sechzigern. Giuseppina heißt sie und wird jeden Morgen vom Geist ihres getöteten Neffen in Besitz genommen. Begleitet von Gefolge und Getreuen sieht man sie im Film zu dessen Haus gehen, die Treppen in sein Zimmer hinaufsteigen und den in der »Welt des Elends Verbliebenen« seine Botschaften verkünden. Eindrücklich in dem gut siebzehnminütigen Streifen sind vor allem jene Momente, in denen sich Giuseppinas Übergang von der einen in die andere Person vollzieht, sichtbar an den heftigen Schluckbewegungen, dem Wegtreten der Augen und deren anschließendem Aufleuchten. Das geschieht auf der *Scala Santa*. Der Zuschauer wird Zeuge einer Trance, die die Besessenheit, die *possessione*, vorbereitet, und er wird damit für wenige Sekunden zum Zeugen einer leeren Fläche, sprich: einer Vielzahl von Seinsmöglichkeiten, wie sie in der Großaufnahme des ergriffenen Gesichts miteinander ringen, um dann in ein jähes Leuchten überzugehen. Die

[4] Der Film ist online abrufbar unter: https://www.youtube.com/watch?v=OYOxNOe_-SA. Zudem hat die Cineteca di Bologna 2015 eine DVD-Kollektion mit di Giannis wichtigsten dokumentarischen Kurzfilmen unter dem Titel *Uomini e spiriti* (Menschen und Geister) publiziert, die ihn ebenfalls enthält.

Trance nimmt ihren Anfang in einer Krise, einer schmerzhaften Erinnerung, und wird durch eine Besessenheit gelöst.[5] Unweigerlich versteht man: Auf diesem Gesicht wird Besessenheit zur Möglichkeit einer Identität. Dies gilt mehr noch angesichts des Heers gleichermaßen verhärmter Landfrauen, die an der Kamera vorbeidefilieren. Sie werden die Stille in sich saugen und sie werden schreien. In Anbetracht der Interaktionen von Tante und Gefolge könnte man überlegen, ob der ganze Vorgang nicht auch politischer Natur sei, indem er Führende und Untergebene schafft, Menschen, die danach streben, sich zu unterwerfen, sich zu verausgaben. Gründet nicht jede neue politische Formation auf dem Spektakel der Besessenheit? Zu dieser Frage kann das expressionistische Kino, die »brennende Leinwand« (Lotte Eisner), anregen.[6] Luigi di Gianni fühlt sich dieser Tradition verpflichtet; entsprechend sucht er seine Stoffe für die Bilder, die er schon lange in sich trägt (vgl. di Gianni & Lavagnini 2012: 28ff).

Der Geist, der hier allmorgendlich um acht Uhr sechsunddreißig zur *persona* der Tante wird, ist heute (2017) in Süditalien in jenes produktive Halbvergessen

[5] Für die Unterscheidung zwischen Trance und Besessenheit vgl. de Heusch 1981.

[6] Der Zusammenhang von Cine-Trance und der Gründungsmomente von »imagined communities«, Nationen, politischen Bewegungen etc. kann an dieser Stelle nicht verhandelt werden, kanonisch – nicht nur für die deutsche Geschichte (Kracauer 1958).

abgetaucht, aus dem sich ein Großteil der religiösen Energie speist. Er heißt Alberto Gonnella oder eben schlicht: Alberto Glorioso (»siegreicher Alberto«). In Serradarce errichtete man in kurzer Zeit den *Tempio di Beato Alberto* (»Tempel des seligen Alberto«), in dem bzw. vor dem einst der Lastwagen stand, mit dem zur genannten Uhrzeit am 26. Oktober 1957 der Onkel den Kopf des jungen Seminaristen einklemmte und ihn zu Tode schleifte. Er habe nichts von dem Unfall gesehen noch etwas gehört, gab der Onkel der Polizei zu Protokoll. Das Tötungswerkzeug steht wie das Kreuz bei Jesus Christus ikonographisch im Zentrum des Kultes (und am Schluss von di Giannis erstem Kurzfilm zum Thema). Es ist das Mittel für den Übergang von Leben zu Tod, der notwendigen Voraussetzung für die Umkehrung desselben Wegs. Zugleich ist es ein Gegenstand der Kontemplation, und man kann wohl davon ausgehen, dass, wem Alberto Glorioso erscheint, auch der Lastwagen erscheint. Wie in westafrikanischen Schreinen der Geist durch seine Paraphernalien aufbewahrt wird, wenn er sich gerade nicht inkarniert, ist er hier in die materielle Bedingung seiner Möglichkeit gebannt.[7] Die Grausamkeit des menschengemachten Todes wird mit der Grausamkeit eines entmenschten, dem menschlichen Maß entrückten, zufällig wirkenden Todes verschmolzen. Zu-

---

[7] Die Strukturähnlichkeit mit afrikanischen Geisterkulten erhellt aus Behrend 2005.

gleich liegt in der der Maschine eigentümlichen Blindheit ein Moment, das diese für Reversibilität und damit für das Versprechen der Erlösungsreligionen prädestiniert: Was in die eine Richtung läuft, kann genauso gut in eine andere laufen.[8] Und schließlich gibt es eine auch von Luigi di Gianni in seinem Film qua Montage aufgemachte Parallele zwischen dem Lastwagen, der Leben und Tod bindet, Leben an Tod bindet und Tod an Leben, mit der *colonna degli indemoniati*, jener Säule der Dämonenbesessenen mit ihren Schnüren und Fesseln in der Basilika des Ortes, wo Sant'Antonino von *fatture* und anderen Besessenheiten heilen soll.[9] Dieser ältere Kult um einen thaumaturgischen Heiligen – die Mehrzahl der meridionalen Heiligen sind Wundertäter (vgl. Galasso 1982) – wird in Zeiten seines Rückgangs, wie di Gianni im Film insinuiert, durch den um Alberto Glorioso ersetzt. Aber nicht nur diese historische Sukzession drängt sich dem

---

[8] Der Zusammenhang von Religion und Moderne hat sich mehrfach im Motiv des gleichsam animistisch aufgeladenen Lastwagens gezeigt, dessen Verlebendigung darüber hinaus die Macht des Mediums Film vor Augen führt (in *Wage of Fear*, ähnliches gilt bereits für die »Einfahrt des Zuges« im frühen Film [vgl. Taussig 2013]). Und natürlich sorgt ein um den todbringenden Lastwagen zentrierter Kult auch dafür, sich dessen zerstörerisches Potenzial – und damit die Moderne und ihren Warenfetisch – anzueignen.

[9] *Fatture* sind, in emischer Perspektive, durch einen Bund mit einem Dämon zustandegekommene Schädigungen einer Person, während das *Malocchio* (Effekt des »Bösen Blicks«) durchaus unabhängig von der Intention des Verursachenden sein kann. Die Kirche klassifiziert ersteres als Schwarze Magie, zweiteres als Folklore.

unparteiischen Betrachter auf: Der Kult um Alberto ist wie der um den in Italien äußerst populär gebliebenen Padre Pio da Pietralcina zuvörderst der um einen *alter Christus*, dessen Auftreten und Ansprüche seitens der offiziellen Kirche anzuerkennen und gleichzeitig einzuhegen sind (Mancini 2008). Denn wo die Besessenen einst an die Säule des Sant'Antonino gebunden wurden, um von Priestern exorziert zu werden, ist Alberto in den Lastwagen als den Ausdruck der schlechthinnigen Besessenheit durch eine unkontrollierbare Macht geklemmt worden, um nun jedwede Form der Besessenheit als Fremdbestimmung durch seinen Tod und seine Wiederkehr auszumerzen.

3

Es soll nunmehr sehr skizzenhaft versucht werden aufzuzeigen, wie die Mobilisierung eines »anderen Christus« durch die mediale Ausweitung von klassischen Trancetechniken und klassischem Mediumismus eine Veränderung der grundlegenden sozialen und religiösen Annahmen in einer süditalienischen Gesellschaft bewirken konnte. Das heißt, es steht die Frage im Raum, ob hier anstatt der oft zitierten *arretratezza* (Rückständigkeit) des Mezzogiorno nicht ein eigenständiger Beitrag zur Modernisierung erkennbar wird, der ausreichend Anschlussmöglichkeiten an das enthält, was wir gemeinhin als ›unsere‹ Moderne und Postmoderne identifizieren:

mithin an ihre Bilder, Medientechniken, populäre Kultur und Politik.

Serradarce ist in der Nachkriegszeit ein agrarisches Zentrum hinter Campagna bzw. hinter Eboli. Dort, so heißt es in dem berühmten, während der faschistischen Verbannung entstandenen Buch von Carlo Levi, höre die zivilisierte, die christianisierte Gesellschaft auf (Levi 1946: 5). Die Menschen wohnen noch zwanzig Jahre nach diesem Buch in *borghi*, festungsartig zusammengeschlossenen, geduckten Häusern, also nicht dort, wo sie arbeiten, wodurch seit langem eine stärkere Arbeitsteilung unter den Geschlechtern begünstigt wurde. Die Männer arbeiten draußen, sie bringen täglich weite Wege hinter sich, während die Frauen im Inneren wirken oder den Verkauf der Produkte auf dem Markt übernehmen (vgl. Felice 2013: 112ff). Jeder wird hier durch einen anderen autorisiert: die Frau durch den Mann, der Mann als Pächter oder im ungünstigeren Fall als *bracciante*, als Tagelöhner durch den Patron. Patrone mobilisieren ihre Leute auch zu Zwecken der Selbstdarstellung, die sich jedoch immer *für* jemanden vollzieht – »ich kann so und so viele Männer stellen«, etwa für die Wahl eines Politikers oder für ein Kirchen-, ein Patronatsfest. Im Endeffekt ist niemand dem anderen vollkommen ausgeliefert, Ehre erscheint transitiv als Ehrbezeugung, und ist der zentrale Wert, auf dessen Grundlage die anderen gesellschaftlichen Werte verstanden werden müssen (vgl. Pitt-Rivers 1966). Soweit entspricht alles den Positionen der klassischen Sozialanthropologie Südeuropas. Auf der anderen Seite schreiben wir auch in Serradarce bald das Jahr 1968. Die europaweite Infragestellung nicht nur der Legitimität von Autorität, sondern von Autorität und Autorisierung überhaupt, kommt weiter als bis nach Eboli. Die klassische Postroute mag hier enden, aber nicht der motorisierte Individualverkehr und schon gar nicht das Fernsehen. Natürlich gibt es keine Studentenunruhen, es gibt auch keine Arbeiterversammlungen, aber es gibt die PCI, die Kommunistische Partei, und es gibt von Anfang an Personen, auch Geistliche, die das Momentum zu ergreifen suchen.[10] Aus Sicht dieser Geistlichen besteht das Momentum in einer Zusammenführung politischer Gehalte, einer Hebung des sozialen Bewusstseins der Landbevölkerung, mit und durch eine entsprechende religiöse Form, die ihre Begründung zuletzt im Zweiten Vatikanischen Konzil (1959-1965) erfährt. Obgleich das neapolitanische Hinterland genau wie der gesamte Süden Italiens zu dieser Zeit ausnahmslos katholisch ist, ist selbst bei den Bischofskongregatio-

---

[10] Immerhin war in Süd- und Mittelitalien der Bauernstand so zahlreich, dass seine Umwandlung in eine angeblich klassenbewusstere Arbeiterschaft nicht zur Debatte stand und Alternativen zur marxistischen Teleologie gefunden werden mussten, die solchen Praktiken Aufmerksamkeit schenkten, wie sie sich in der ebenfalls nicht übermäßig industrialisierten postkolonialen Welt zeigten. Damit ermöglichte die süditalienische agrarische Bedingung dem italienischen Kommunismus eine größere Welthaltigkeit, auf der anderen Seite zwang sie ihn zur Provinzialisierung Italiens und Europas.

nen jener Jahre von einem »Missionsland« die Rede (vgl. Ursi 1975: 136). Missionierung bezieht sich aber nunmehr nicht einfach auf die Ersetzung alter Frömmigkeitsinhalte durch neue, sondern sie hat zum Gegenstand ihrer Sorge die jahrhundertelange Methode dieser Ersetzung selbst. Die Bischöfe betrachten ihren Katholizismus im heidnischen Gewand und erschrecken darüber. Sie suchen die expressiven Frömmigkeitsformen in Bahnen zu lenken, die Zahl der Prozessionen zurückzufahren, die Patronate lokaler Heiligenverehrung durch gerechte Verfahren transparent zu halten (ebd.: 140f.). Sie erblicken die Exzesse ihres jahrhundertelang ausgeübten Missionswerks und merken, dass anstatt Macht über die Seelen der Gläubigen zu erhalten, ihnen diese – oft zugunsten von Sehern oder auch Mafiosi – lange schon entglitten sind. Bischöfe wie der neapolitanische Kardinal Ursi haben Sympathisanten im linken Lager der Christdemokraten, die zwar auch klientelistische Politik betreiben, aber offen für soziale Durchlässigkeit werben und den Bürgerstaat über die feudale Treue stellen. Auch die Region Kampanien will Teil sein der modernen Welt. In Serradarce hingegen wird der mögliche Konflikt von altem Klerus und neuen Geistlichen, von »großen Männern« und Kollektiven dadurch modelliert, dass ein Geist in eine Frau einfährt.

Die Familie von Donna Giuseppina ist nach allgemeinem Wissen nicht arm gewesen. Im Großen und Ganzen leben die Gonnellas mit der Welt vor 1968 im

Einklang. Dass einer aus ihrer Mitte Priester werden soll, hebt ihr Ansehen. Dessen bedürfen sie, denn ihr Leumund scheint nicht der beste zu sein.[11] Man hält den Onkel für habgierig, die Absichten der Gonnellas, was die Verteilung frei werdender landwirtschaftlicher Nutzflächen angeht, für undurchschaubar. In diese Lage tritt der Tod Albertos und die wundersame Ergreifung (und Verdrängung) Giuseppinas. Damit bleibt das Außergewöhnliche in den Händen der Familie, in der die eine leidet und ein anderer agiert –wenngleich aus dem Jenseits. Die Tante kann abwechselnd als aktive – als *AlbertoGiuseppina* – oder als agierte Person – als *GiuseppinaAlberto* – interpretiert werden. In beiden Fällen ist ihre Position legitim, legitimiert nicht zuletzt durch den Schmerz um den Verlust ihres Neffen, der ihre gesamte Familie auf die Probe stellt, ja nach dem, was man so hört, in einen Bruderkrieg zu reißen droht. Giuseppina wohnt damals in Campagna, dem Hauptort. Im Viertel San Bartolomeo hat sie einen kleinen Laden, wo gelegentlich die Pilger für Sant'Antonino vorbeikommen.[12] Bewohner erinnern sich, sie als *fattucchiera*, als Beschwörerin und »Entzaubererin«, kennengelernt zu haben.

Wie sich ihr Weg zum Alberto-Medium modelliert hat, bleibt in nahezu sämtlichen Überlieferungen strittig:

---

[11] Zur Familie Gonnella: vgl. Apolito 2006.

[12] Für diese und die folgenden Hinweise danke ich Stefano de Matteis und der Familie von Irene Walker.

Sie selbst hat die Verwandlung wohl als plötzliches Erlebnis ausgegeben, andere haben eine geplante Methode der Gewinnsteigerung darin gesehen, wiederum andere haben ihre Besessenheit als Opfer interpretiert, das die außerhalb Serrardarces Lebende für ihre Familie, für den Frieden zwischen ihren Brüdern gebracht habe (vgl. Rossi 1986: 54). In diesem Sinn würde es sich um einen Familienkult handeln, aber ohne dass nahe Angehörige darin entscheidende Positionen einnehmen, wie es sonst häufig zu beobachten ist.[13] Giuseppinas Mann, ihre Kinder, auch ihre Schwester, scheinen keine Bedeutung zu haben für die Organisation. Es gibt ein paar Getreue, die sie morgens im Auto von ihrem Haus zu dem ihres Neffen fahren, aber dann gibt es vor allem ein Heer von Freiwilligen, das die Reden Albertos aus dem Mund Giuseppinas aufnimmt, Schallplatten pressen lässt, Kreuze produziert und so fort. Diese Prozesse scheinen sich Giuseppina entzogen und bald ein Eigenleben entwickelt zu haben – sie führen zu jenen, die aus ganz unterschiedlichen Motiven sehen, dass der »alte« Kult um die Säule der *indemoniati*, der Dämonenbesessenen, erneuert worden ist. Hier können sich durchaus lokale Politiker anschließen und die Gunst des Mediums in ihrem Sinn zu nutzen versuchen (Apolito 2006). Giuseppina selbst kann man sich vorstellen an einer Kreuzung der Vermittelnden, die die Botschaften des Neffen an die Gemein-

[13] Vgl. den Kult um die Seherin Mamma Caterina (van Loyen 2018).

schaft überbringt, und einer Heilenden, deren Autorität durch Alberto gestärkt worden ist. Die heilenden Fähigkeiten sollen zwar erst nach dessen Tod zutage treten, doch heißt es, wie gesagt, Giuseppina habe bereits zuvor das *malocchio* (den Bösen Blick) oder die *fattura* (die explizite Verzauberung) behandelt, wie so viele Landfrauen. Die Spitzfindigkeiten der Priester sowie der semiprofessionellen Magier, die zwischen der Versuchung (dem im *malocchio* konzentrierten Neid) und der aktiven Evokation des Bösen, der schwarzen Magie der *fattura* unterscheiden wollen, werden an ihr Ohr gedrungen sein – wer Macht ausüben will, muss Unterschiede machen. Die somatisierten psychischen und sozialen Leiden ihrer Klientel scheint sie jedenfalls genauso rasch identifiziert zu haben wie eine klassische *guaritrice*, eine Heilerin, und wie dies der Anspruch der katechetisch zuverlässigeren *veggenti* (Seherinnen) bis heute geblieben ist (vgl. van Loyen 2018: 94ff.). Es ist gut möglich, entzieht sich aber näherer Kenntnis, dass Giuseppinas Besessenheit subjektiv vielleicht der Notwendigkeit geschuldet war, ihrem Erfolg als Heilerin im Weg stehende Hindernisse zu beseitigen, und dass sich ihr Mediumismus anschließend unkontrollierbar ausgebreitet hat, begierig aufgenommen und weitergetragen wurde. Das wäre die Geschichte vom »medium as message« (McLuhan) oder vom Medium, das sich seinen Toten schafft. Einiges scheint dafür zu sprechen. Dann wiederum erstaunt die Vehemenz, mit der sich der Kult von einem um Giuseppina/Alberto zentrierten zu einem Versprechen auf Teilhabe für alle entwickelt hat – bis dahin, dass nahe und ferne Kultadepten ihre Ansprüche auf Alberto formulierten.

Die Kultentwicklung ist nicht ohne die eifrige Giuseppina zu verstehen, die jeden Morgen antritt, um sich wegtreten zu lassen (im ursprünglichen Sinn des Wortes »ver-treten«), aber genauso wenig kommt man ihm bei, ohne die Worte zu hören, die die Schwelle ihres Mundes überschreiten. In di Giannis Film steigert sich diese Rede, bis die Stimme – die Stimme Alberto/Giuseppinas – sich beinahe überschlägt, wenn sie das Jammertal des Lebens, die Bedeutungslosigkeit des Diesseits und die Einzigartigkeit des Paradieses beschwört. Der millennaristische Inhalt der Alberto zugeschriebenen Botschaft mit ihrer ausdrücklichen Nichtung der geschichtlichen Welt stützt paradoxerweise Giuseppinas Besessenheit. Ja, sie buchstabiert sie gleichsam aus: Die Nichtigkeit der Welt leert die Person, die nur als Kanal für einen anderen Sinn hat. In dieser Weise reflektiert der Millennarismus der Sprache die mediale Situation der Besessenheit und sorgt dafür, dass es aus ihr kein Entkommen gibt. Und je öfter dieser Zusammenhang vor den Augen und Ohren der Besucher exerziert wird, desto stärker werden auch sie besessen: nicht so sehr vom Jenseits als vielmehr von der unausweichlichen Einsicht, dass es in dieser Welt keine Autorität geben darf, die sie noch zurückhält. Die totale

Herrschaft der Besessenheit mündet in das Abstreiten von Herrschaftsbeziehungen. Vielleicht brauchen die Menschen eine Weile, um diesen befreienden Aspekt aufzunehmen, vielleicht aber haben sie ihn schon erahnt oder sogar erwünscht, und was im Hause Albertos geschieht, ist nur der letzte Schritt auf einer Leiter zum Licht hin, wo der *sol d'avvenire*, die von den kommunistischen Partisanen verheißene Zukunft, mit den Goldstrahlen der katholischen Monstranz zusammen strahlt. Vielleicht lässt sich dadurch ein gesellschaftlicher Wandel formulieren, auf der Grundlage einer Selbstverleugnung, der mit den alten Patron-Klient-Beziehungen Schluss macht oder sie zumindest lockert. Denn Gewohnheiten sind langlebig, allen revolutionären Botschaften zum Trotz. Und so wird es kommen: die Alberto-Jingles auf den Schallplatten, die Porträts, die ihn in eine Reihe stellen mit Heiligen und zivilen Heroen, sie absorbieren auch die großartige Selbstverleugnung Giuseppinas, dieses eigentliche Fahrzeug einer Emanzipation, das ein Unfall aktiviert hat.

Eine Frau spricht und wird gehört, weil durch sie jemand spricht, der über jeden Zweifel erhaben ist.

Er ist über jeden Zweifel erhaben, weil er in dieser Frau spricht.

So wird es '68 in Campagna/Kampanien. Sant'Antonino kann mit seiner Säule im Hauptort bleiben, auf der frisch asphaltierten Landstraße wird die Landbevölkerung ihm nicht mehr entgegenlaufen müssen, sie haben jetzt ihren eigenen Heiler, und Land, das haben sie auch.

4

Dies alles gilt unter der Prämisse, dass die Reichweite und Möglichkeit von »Personsein« sich vor einem Handlungshorizont abzeichnet, der durch das Jenseits als Ort der Toten und allem Realisierbaren repräsentiert wird. Das Jenseits ist in dem Fall der Ort, aus dem man kommt und in den man geht (in der populären Kultur des auf die agrarischen Rhythmen verwiesenen Süditaliens deutlich signifiziert durch *il presepio*, die Weihnachtskrippe mit ihrem Jenseitsfluss). Dieses Reich der Fülle – und auch der Furcht – wird vermittelt durch die Ahnen im Haus, die im antiken Rom die erste Maske der *persona* formten (vgl. Mauss 1989: 223-252). Die so vermittelte Nähe zum Ursprung der »Lebenskraft« (A.M. Hocart) – über Heilige und ausgezeichnete Tote – schützt die Person und hält sie zugleich in Abhängigkeit. Ganze Person würde man, indem man das Jenseits als den Raum der Lebenskraft selbst beträte bzw. durch seine Avatare auslotete. Weder in der Antike noch im Christentum mangelt es an Geschichten, die vor der Realisierung dieses Wunsches warnen. Doch dieser Wunsch ist bei aller Treue zu den Heiligen, bei aller Bereitschaft, sich in ihren Dienst zu stellen, unleugbar; er führt zu jener Heuchelei den Heiligen gegenüber, die man auch in di Giannis anderen Filmen, besonders im *Male di San Donato* (1965) beobachten kann. Die Heiligen müssen verehrt, beschenkt und anverwandelt werden, soll der Wunsch Wirklichkeit werden, dass sie als Avatare (d.h. als Verlängerungen der Person, die sich über den nach strikten Reziprozitätsregeln erfolgenden Tausch von Gefälligkeiten steuern lassen) *nichts anderes* sind als Tote, um den Lebenden in seiner Individualität im Jenseits zu repräsentieren. Mit überbestimmten Heiligen, an denen viele teilhaben, die mit aller Welt Wünsche behangen werden und zwischen Lebenden wie Toten umhergehen, als gäbe es keine Grenze, lässt sich dieser Weg der Emanzipation aber nicht gut beschreiten. Diese Heiligen müssen erst erzogen werden, bis sie so sind, wie *wir* idealerweise sein wollen.

So wird also weniger der *besondere* Tote als vielmehr der *reine* Tote geschaffen (der Ahne, mit dem bald geregelte, nicht ambivalente Beziehungen möglich sind; der Heilige, für den man etwas tun kann, damit er einem ebenfalls einen Wunsch erfüllt). Die Folkloristik dokumentiert vielerorts die Etablierung einer solchen Handelsbasis.[14] In gewisser Hinsicht besteht darin die Aufgabe von Kultur und die Arbeit an der Institution. Die Reinheit des Totseins garantiert in Folge auch die Übernahme eines Totenkultes in andere.

---

[14] Zu süditalienischen Totenkulten vgl. Satriani 1996.

Man könnte nun einwenden, dass die Spaltung Person/Avatar gar nicht notwendig sei, sobald man aufhört, das Reich des Todes und das der Fülle miteinander zu identifizieren. Dann reichten ein gehobenes Bewusstsein, Personenrecht, Rechtstaatlichkeit aus – das Reich der Fülle wäre dann eines, das nicht noch dadurch mehr ist, weil es fehlt. Kann nicht jeder Mensch prinzipiell alles sein, wenn er nur die Hindernisse benennt und aus dem Weg räumt? Warum sollte er erst durch die Maske des Toten (und in gewisser Hinsicht: des Todes) zu sich selbst finden? Ein Teil der Antwort lautet, dass man dort, wo man nicht an den Institutionen arbeiten kann oder die Arbeit an den Institutionen eine Arbeit an einer von einem selbst entfernten, unvermittelbaren Macht ist, in der man sich sinnlos verausgabt, die Arbeit an den Toten immerhin die Möglichkeit echter Einwirkung bereithält: die Arbeit an den Toten, am Schmerz, an der Angst vor dem Tod, in der eine wechselseitige Erziehung stattfindet. Eine zugleich demütige wie erhebende Arbeit. Die Arbeit an den Toten ist zudem eine Arbeit an der Verwandtschaft – egal, ob diese durch Blut oder Berufung zustande kam –, und selbstredend lässt sich ein menschliches Leben vorgängig zur Verwandtschaft, vorgängig zu den Institutionen, die es anerkennen oder vermerken, dass es keiner Anerkennung bedürfe, nicht einmal erfinden. Es gibt kein menschliches Leben ohne Prozeduren der Zuordnung, der Zurechnung, der Zuschreibung. Und in diesem Sinne keines ohne Besetzung. Vom jeweiligen menschlichen Leben aus gesehen lautet der Ausdruck dafür »Besessenheit«: Sie ist ein legitimer Weg zur Subjektivität der Person, zu ihrer Vollständigkeit und *agency*; sie formuliert die Aufgabe und ist schon Teil der Lösung.

Der andere Teil der Antwort lautet, dass das Reich der Fülle niemals hier ist, sondern stets in der Fremde und außerhalb. Exotik oder Außerweltlichkeit sind nicht per se Mangelerscheinungen oder entspringen lediglich kolonialen Phantasien, stattdessen sind sie Signaturen eines Mehr, ohne welches es kein Hier gibt.[15] Wie wahrt man das Mehr, das ein Zuviel und ein Mangel zugleich ist, wenn nicht in den Kippfiguren rund um die Trance?

Idealtypisch mag es erscheinen, als kenne eine Kultur, in der die *Besessenheit* eine kritische Präsenz erreicht hat, nur das Entweder-Oder sowie das Prinzip der numerischen Identität, während Kulturen des Traums die innere Verschiedenartigkeit der *persona* zuließen. Wer seinen Traum erzählt, rekonstruiert seine multiplen Ichs, wogegen man eine Besessenheit nicht erzählen kann,

---

[15] Auch dazu hat Fritz Kramer in seinen Notizen zur Ethnologie der Passiones Wichtiges dargelegt (Kramer 2005: 145-168). Individuelles und soziales Leben bleiben gleichermaßen angewiesen auf Ressourcen aus der Liminalität, aus diesem Grund verwandelt man sich in Wildgeister oder schmückt mit ihnen besonders heilige Orte. Selbstgenügsamkeit als ethisches Ziel gehört zu modernen Gesellschaften, während frühere Gesellschaften hungrig waren nach der fremden Welt. Das gilt für die gesamte Geschichte des Luxus – und natürlich auch der Religion.

sondern zur Darstellung bringen muss (vgl. Augé 1997: 20). Die theatralische Seite der Besessenheitskultur verhindert dann gewissermaßen die erzählerische Reflexivität. Im Fall des Alberto-Kultes ebenso wie bei zahlreichen anderen rund um den Katholizismus angesiedelten Kulten ist dies nur die halbe Wahrheit: Zum einen wird das reflexive Moment ja über die Angliederung an die hegemoniale Erzählung (das Christentum) eingeholt, zum anderen über die Visionen, die dem Besessenen zufließen bzw. über die Urszene der *Besitzergreifung* selbst. Freilich bleibt das theatralische Element auch darin vorherrschend, oder besser, gibt es keine Erzählung (multiple gleichzeitige Ichs) ohne *Szene*. Dasein ist Gesehenwerden, In-Erscheinung-Treten, und fordert zum Zweck der Sichtbarkeit die Maskierung.

Dass im Falle von Giuseppina die Stimme, die sich als Stimme Albertos ausgibt, und zumindest ihrer Besitzerin fremd wird, Trägerin dieser Besessenheit ist, kann damit erklärt werden, dass die Stimme schon von sich her die Ambiguität des Inneren und des Äußeren aufweist. In der Besessenheit wird sie als konstitutiv *äußerlich* modelliert, damit sie nach *innen* zurückkehren kann. Durch die Entäußerung wird eine Präsenz geschaffen, die zwanghaft auf eine Abwesenheit deutet, und die sich deshalb so vergemeinschaften lassen kann, dass jeder Teilnehmer dieses morgendlichen Rituals in Serradarce darin sein eigenes Anrufungserlebnis entdeckt (Turners *The Centre Out There*). Fast so ähnlich wie in der *urban legend* vom deutschen Radioappell.[16] Die Probe auf die Wahrheit der Stimme.

5

Im Sommer 1972 ist der Spuk vorbei. Giuseppina wird von Francesco, einem enttäuschten Anhänger, erschossen. Er arbeitet als Busfahrer für weitere Impresarios des Mediums, die die Reisen zu Giuseppina organisieren. Gewissermaßen bringt er das Werk eines anderen Lastwagenfahrers zu Ende. Francesco hat Spielschulden und wurde gelegentlich unter Albertos Anhängern gesichtet, am Tag der tödlichen Schüsse hat auch er sich maskiert. Später heißt es, er habe wegen der falschen Versprechungen seines Opfers abgedrückt, als sollte der »Enttarnung« durch das fruchtlose Lottospiel nun die Enttarnung durch die eigene Sterblichkeit folgen. Wieder andere behaupten, die Heiler der Region hätten den Mordplan ausgeheckt und Francesco gedungen. Offensichtlich wollen einige die Welt vor 1968 zurück, die einen aus Geschäftssinn, die anderen aus Verzweiflung. Aber sie haben ihre Rechnung ohne den Heiligen gemacht: nach Giuseppinas Tod entwickelt sich zwar keine herausgehobene Nachfolge, doch Alberto bleibt weiterhin präsent. Längst wird er absorbiert in geläufigere

---

[16] Die Radiostimme ist stets die Stimme eines Geistes. Das verhilft nicht zu weniger, sondern mehr Autorität, und darum gehört die Radiomacht zu den wichtigsten Machtquellen eines Staates.

Frömmigkeitsformen, aus der Besessenheit Giuseppinas werden die latenten Unruheherde privater, vielfach onirischer Offenbarungen. Alberto erscheint seinen Anhängern in Träumen oder im hundert Kilometer entfernten Neapel auf Hauswänden. Bereitet er seine erneute Ankunft vor oder ist nach den exzentrischen Jahren mit Giuseppina nun die Periode der Ethisierung seines Kultes angebrochen?

In Neapel habe ich während meiner 2013/2014 im Viertel Sanità durchgeführten Feldforschung zu Totenkulten und Lokalpolitik eher zufällig das Nachleben von Alberto Glorioso entdeckt (vgl. van Loyen 2018). Allmählich entfaltete es sich unter meinen Füßen: mein Vermieter war über viele Jahre nach dem Tod Giuseppinas nach Serradarce gepilgert, wo er auf Albertos Lastwagen eine Zigarette liegen ließ, um sich das Rauchen abzugewöhnen; er selbst war Lastwagenfahrer und dieser Kult erschien ihm so natürlich, dass er sagen konnte, »das haben wir – das Volk – gemacht«; eine andere ältere Dame hatte den Tod ihres untreuen Ehemanns durch Alberto erbeten und erhalten, sie hatte ihm eine Kapelle neben der Wohnungstür gestiftet und vom Leuchten des Bildes berichtet, sobald Kritik daran aufkam; Alberto hütete in seinen zahlreichen Abbildungen auch den Schlaf von Nunzia, der Frau eines verstorbenen Heilers auf meiner Straße, so wie es sonst Padre Pio tat; und schließlich fand ich das Porträtbild des Seminaristen in der mehr oder weniger touristisch aufbereiteten Musterkirche des neapolitanischen Kultes um die *anime sante del purgatorio* auf der Via dei Tribunali. Diejenigen, die mit der Rekonstruktion des Ortes betraut gewesen waren, hatten es angeblich nicht identifiziert, es hatte aber dort über Jahrzehnte gelegen und wurde nun neben die zu verehrenden Schädel gestellt.

Albertos Wirkungsbereich ist mithin nicht auf den ländlichen Raum seines Ursprungs beschränkt geblieben. Der spektakuläre Mediumismus seiner Ersterscheinung für Zia Giuseppina ist in den moderateren Mediumismus der Neapolitaner übergegangen, denen die Toten im Traum zu erscheinen pflegen. Dort ist er auch kein »Alter Christus« mehr, sondern im Pantheon der Heiligen, der hilfebringenden Ärzte, der Advokaten, der wundertätigen Brautleute, der heilkräftigen toten Kinder zuhause. Ein Toter unter anderen, ein Vorfahre unter Vorfahren, bleibt er für die Pädagogen des guten Geschmacks und der kirchlichen Hierarchie unsichtbar und wird fast immer mit »irgendeinem« verwechselt.

6

In Serradarce hingegen steht sein *tempio* nunmehr unter der Kuratel einer charismatischen Erneuerungsbewegung, die noch immer nicht recht weiß, ob die vor zwanzig Jahren vom Vatikan zugewiesene Stätte einen Segen oder eher einen Fluch bedeutet. Padre Silvio und Padre Michele, der Generalobere, müssen sich die Schlüsselgewalt schließlich mit einem Gonnella-Nachfahren teilen, der als Sakristan immer wieder Wege findet, altgewordene Alberto-Anhänger über die *Scala Santa* zur ehemaligen Wirkungsstätte von Giuseppina zu schleusen. Unterhalb der Kirche betreiben die Gonnella zudem eine Bar, in deren Nähe derzeit eine Garage so hergerichtet wird, dass sie den bei einem anderen Verwandten untergestellten todbringenden Lastwagen wieder aufnehmen könnte. Das fürchtet zumindest Padre Silvio. Und warum das Ganze? Weil die Gonnellas ihre Einnahmequelle nicht kampflos preisgeben, selbst wenn der Rest von Serrardarce dem nichts abgewinnt. Und weil sie den Charismatikern ihre Rechnung präsentieren wollen. Ob »Alberto Glorioso« dann eines Tages wirklich »Beato Alberto« wird?

Charismatische Bewegungen sind in Süditalien seit mehr als zwanzig Jahren extrem erfolgreich, die Grenzen zwischen katholischen und evangelischen Bewegungen sind inzwischen durchlässiger, und es hat den Anschein, als sei jene Form des kontrollierten Unerwarteten – des Unerwarteten in den Versammlungen, die für die Glossolalie, für die Herabkunft des Heiligen Geistes geführt werden – die Methode, mit der sich die »Missionierung« nach 1968 legitimieren konnte, die in jeder ihrer Weisen einen Klassenkampf zwischen Laien und Priestern darstellte. Dieser Klassenkampf wird womöglich von den charismatischen Bewegungen nur verschattet, in denen die priesterliche Vermittlungstätigkeit sich zugunsten einer von jedem zu erlebenden Präsenz des Göttlichen sowie der Aufdeckung der verschiedenen Charismen unter den Laien zurückhalten soll. Der von der offiziellen Kirche nie kanonisierte »Alberto Glorioso« als Seminarist und die von ihm »aufgesuchte« Tante stehen dabei genau an jener Kreuzungsstelle von Priester- und Laiencharisma, von *doni* (spirituelle Gaben), die sich nicht mehr einfach durch zertifizierte Autorität, sondern durch Einbindung in die Tradition, den Nutzen, den sie für die Gemeinschaft haben, legitimieren lassen müssen – nicht anders als wie sich in der Unmittelbarkeit der »Besessenheit« das Ergreifen durch Gott (oder den Heiligen Geist) ankündigt, das für die Konzeptualisierung von Person, von religiösen sowie zivilen Werten eine große Rolle spielt und die charismatischen Bewegungen als aktuell wichtigste Vermittler in einem wenn nicht erodierten, so doch krisengeprüften klientelistischen System auszeichnet. Der Unterschied zwischen der katholisch-charismatischen Präsenz des Geistes und der pentekostal-evangelikalen besteht in der Interpretation des Erlebens als Entfaltung eines allgemeinen »Geschenks«, eines *dono* einerseits und der eines individuellen »Besitzergreifens« andererseits. Der Tod Giuseppinas hat die Dynamik der Endzeit gebrochen.

Die Aufnahme Albertos in das inoffizielle Pantheon der charismatischen Gemeinde – in diesem Fall der 2015 nach dreißig Jahren vom Papst vollumfänglich anerkannten *Servi di Cristo Vivo* – ist eine Chance für beide Parteien: Die Alberto-Anhänger bekommen einen offiziellen Anstrich, die Charismatiker können neben einem »Evidenzphänomen«, dessen Interpretation sie nachzureichen versprechen, an eine lokale Erregungsader anschließen und sich narrativ verorten. Zu viele Zugeständnisse darf man aber nicht machen, sonst wird ein Kuhhandel daraus: Deshalb erklärt Padre Silvio, dass die von seiner Gemeinschaft zelebrierte Messe für Alberto Anfang November eine des allgemeinen Totengedenkens sei, wie zu Allerseelen üblich. Passenderweise war Alberto Gonnella, Jahrgang 1937, am 25.10.1957 gestorben.

Aber natürlich verlangt jedwede kanonische »Aufnahme« (*assunzione*) Albertos, dass er eben nicht mehr »aufgenommen« wird. Wenn Besessenheit die Verdrängung einer ursprünglichen Person durch eine andere ist, im Gegensatz zum Traum oder zur Vision, in der die Identität der Person gewahrt bleiben, und wenn Giuseppina sich nur indirekt an das erinnerte, was sie als Alberto gesagt haben soll, dafür der Erinnerungen anderer, ihrer Bilder und Tonmitschnitte bedurfte, so einerseits, weil sie nicht in Verdacht geraten wollte, mit einem Geist zu paktieren, Manipulation zu betreiben, also schuldig zu werden, sondern weil ihre Reinheit und die Reinheit dessen, der sie in Besitz nahm, nur im gegenseitigen Ausschluss gewahrt werden konnten. Reinheit der Person bei Vermischung der Körper ist ebenso sehr ein katholisches wie ein globales Motiv um 1968. Es gehört zur Frage nach der göttlichen Natur, zum Verspeisen der geweihten Hostie, in der Christus anwesend ist, und es gehört zum richtigen Leben im falschen. Und ist ein Versprechen geblieben, dass der Katholizismus aufgreifen könnte, wenn ihm nur diese mediterrane Hippiewelt nicht zu suspekt wäre, sodass er ständig daran erinnert, einen Geist für alle Körper und nicht einen Geist für jeden zu propagieren.

7

Der Alberto-Kult ist ohne die um ihn zirkulierenden Bilder undenkbar. Sie beglaubigen ihn, indem sie ihn zum einen mit den Bildern anderer Kulte verschränken, die von ihm hervorgebrachten Bilder kontextualisieren, zum anderen das Unassimilierbare des Kultes hervorheben, seine Wahrheit. Diese Wahrheit hat mit Giuseppinas Körper zu tun, insofern er Dinge tut, die mit seiner Rolle als Körper Giuseppinas schwer in Einklang zu bringen sind. Neben Luigi di Giannis Dokumentationen erscheint 1971 in der Reihe *Popular Photography Italiana* ein Album von Ferdinando Scianna, dem ersten italienischen Fotografen in der Agentur *Magnum*. Auch er zeigt in einer mehrseitigen Sequenz die Trance Giuseppinas, ihren kurzen Schlaf, die Unterwerfung ihres Körpers unter die Heiligenbilder, sein Wiederaufleben als anderer Körper bzw. als Körper eines anderen, gebrochen von der elektrisierten Erwartung und dem Schreckmoment der versammelten Menge im *tempio*, dem Heiligtum. In der Kontraposition von verhärmten Bauerngesichtern auf der einen, dem von einer abwesenden Macht bewegten, von seinem »weggetretenen« Blick aufgegebenen Körper auf der anderen Seite, eingerahmt von Heiligenbildern und Blumengebinden, macht sich die vereinigende Kraft einer Abwesenheit geltend, die gegenseitige Stütze durch den Schmerz. Es ist das leere Zentrum, das diesen Bildzusammenhang allererst generiert, und entsprechend die Verzweiflung, die das prekäre Leben anstachelt, es in irgendeiner Form gegenwärtig zu halten, ihm einen Raum zu schaffen, in dem es sich niederlassen soll. Bild und Text deuten auf dieses leere Zentrum, aber ihrer eigenen Natur gemäß – ihrer eigenen natürlichen Konvention zufolge, derenthalben sich ihre Konstitution dem leeren Zentrum verdankt[17] – deuten sie es nicht aus. Stattdessen schaffen sie Serien und häufen Worte.

Inwiefern die Charismatiker, ganz gleich ob freiwillig oder nicht, dem Kult in der Zeit seines Nachlebens mehr Kraft zuführen können als dies durch Ferdinando Scianna oder die zwei Filme Luigi di Giannis (*Nascita di*

---

[17] Im Hinblick auf die arbiträre Beziehung von Signifikant und Signifikat in der Sprache versteht sich diese »Leere« von selbst; sie tut sich zugleich auf beim s/w Foto, selbst wo es als Dokument eines einmal Anwesenden vorgestellt wird, oder noch stärker beim Film, der ja gerade das Ablaufen des Ereignisses in die Vergangenheit vorstellt, sodass also kein Gegenstand beglaubigt, vielmehr der Zuschauer in den Umkreis des Dargestellten selbst hineingezogen wird (vgl. dazu Berger 2010).

un culto, 1986; *La possessione*, 1972) geschah, sei dahingestellt. Vor Ort und in Neapel fiel allerdings auf, dass zumindest der frühere Kurzfilm, die »Geburt eines Kultes«, mit den individuellen und auch kollektiven Bildern verschaltet war – das galt für mehrere Haushaltsgemeinschaften. Der Film beschreibt den Alberto-Kult als Antwort auf den schwächer werdenden Kult um Sant'Antonino und als Ereignis der besessenen Tante Giuseppina. Die Forschung vor Ort hat dieses Narrativ als die zeitliche Sequenzierung einer geographischen Entzerrung zu lesen gelernt, aber dann durchaus einen Funktionszusammenhang erkannt, der mit dem ökonomischen Abstieg Campagnas und wenn schon nicht mit einem ökonomischen Aufstieg Serrardarces, so doch mit dem der Familien aus Serrardarce einhergeht. Dabei leistete Luigi di Gianni selbst einen Beitrag zur *Nascita*, indem er das Phänomen medial verbreitete, es durch seine Montage, durch den von ihm in Auftrag gegebenen Sound interpretierte.[18] Der Umstand, dass in der Mehrzahl seiner Kurzfilme die Tonspur neben der Filmspur

[18] Dieses Fortleben von Devotionen und Kulten durch ästhetische Dokumentation, der stets eine »invention of tradition« (Hobsbawm) innewohnt, ist ein Beitrag der von Ernesto de Martino initiierten Erforschung der süditalienischen Religiosität im Moment ihres angeblichen Verschwindens. Ein wirkmächtiges Beispiel ist der salentinische Tarantismus in seinem Bezug auf de Martinos Studie *Terra di rimorso* (1961) und die filmische Darstellung in Gianfranco Mingozzis *La taranta* (1962).

läuft und man insbesondere in *Nascita di un culto* eine leichte Zeitversetzung beobachten kann, trägt zu einem Verfremdungseffekt bei, in dem das *Manu-factum* des Films das des Kultes überblendet. Zugleich partizipiert der Film dadurch an der Trance, die sein Gegenstand ist, indem er die dargestellte Geschichte zu seinem Bauprinzip macht: das Auseinandertreten zweier Ordnungen, in einem Moment (im Kino), in dem die »Verteidigung der Ich-Instanzen« (C. Metz) ohnehin herabgesetzt ist.

Giuseppina hat di Giannis Nachstellungen durchaus akzeptiert, weil er sie in ihren verschiedenen sozialen Zusammenhängen zeigt, ohne sie zu denunzieren und weil er in gewisser Hinsicht von einem ähnlichen Interesse geleitet war. Sie dankte es ihm mit wiederholten Einladungen, und als Francesco sie erschoss, fuhr di Gianni sofort nach Serrardarce, um den Tag danach zu dokumentieren. Der Polizist, der ihn begleiten sollte, floh einige hundert Meter vor der Ortschaft aus dem Auto: die Situation war ihm zu heiß geworden. In einem doppelten Sinn gilt also, dass, wer die Ordnung schützen will, sie auflösen muss.

Der Windmacher. Padre Pio als Schamane

1

Padre Pio ist überall: Auf Plätzen und Straßen segnet er, von LKWs schaut er auf Vorbeifahrende herab und bittet, sie mögen nicht über Gebühr rasen, und heiliggesprochen – seit 2002 – ist er ohnehin. Gerade im italienischen Süden hat sich sein Kult tief in den Alltag einmassiert. Aber auch im Rest der Welt ist der Kapuzinermönch mit den stigmatisierten Händen kein Unbekannter. Gebetsgruppen, die seinen Namen tragen, gibt es in Österreich genauso wie in den USA oder in Argentinien. Und die Wunder, von denen Besucher seines Grabes in der auf der Hochebene des Gargano gelegenen Kirche von San Stefano Rotondo berichten, nehmen auch seit der Heiligsprechung, für die sie ursprünglich benötigt wurden, nicht ab.

Was an dem Kult um Padre Pio interessiert, ist zweierlei: zum einen die Umschrift von Leid in Glück, von Hindernissen in Vehikel für die Erlösung, zum anderen die Art, wie dieser Kult eingebunden ist in landschaftliche und sozialgeografische Bedingungen, vor denen er sich erst profiliert. Die These der folgenden Ausführungen lautet, dass Padre Pio als Figur wie als Rezeptionsphänomen verständlicher wird, wenn man ihn vor dem Hintergrund des Schamanismus konturiert. Dabei werde ich Schamanismus weniger als indoeuropäische Protoreligion zu verstehen vorschlagen, wie es insbesondere Carlo Ginzburg mit seinen Arbeiten zu den *benandanti* und zum Sabbath getan hat (vgl. 1989), sondern eher als heuristischen Rahmen begreifen, in dem populäre und populare Religion seit der zweiten Hälfte des 20. Jahrhunderts zusammengehen können und zirkulieren.[19] Dass dies auf einer Vorgeschichte aufsetzt, die dieses Zusammengehen in Süditalien und besonders in Apulien und Kampanien plausibilisiert – in beiden Zonen sind die Wirkungsorte Padre Pios beheimatet –, ist dabei ein wesentlicher Faktor.

2

Der Schamane ist in erster Linie jemand, der fliegt.[20] War er im 19. Jahrhundert, bei seinen ersten deutschen

---

[19] Die deutsche Sprache macht es einem mit der Unterscheidung – und folglich auch mit der Annäherung – von »Populärkultur« als Massen- oder Mehrheitskultur und »Popularkultur« als Kultur der unteren Klassen nicht eben leicht. Popularkultur kann innerhalb der Populärkultur formatiert und zirkuliert werden – muss es aber nicht.

[20] Schamanen werden im Text im generischen Maskulinum angeführt, auch weil die damit bezeichnete kulturelle Formation als männlich konzipiert wurde – meist von Männern: Shirokogoroff, de Martino, Eliade. Dennoch sollte man sich bewusst bleiben, dass Schamanismus als zirkumpolares ethnographisches Phänomen (in Sibirien oder Korea) mehrheitlich weiblich geprägt war.

Abb. 1: Joseph Beuys, Vogelmensch, 1959

und niederländischen Besuchern noch ein sibirischer Geistheiler, dessen Tungus-Begriff fortan Karriere machen sollte, so ist er im 20. Jahrhundert vor allem eine Person, die sich in Trance versetzt, im Geist weite Reisen unternimmt, und, von meist tierförmigen Hilfsgeistern begleitet, darauf erpicht ist, die Seelen von Kranken und Leidenden wieder zurückzuholen oder mit den Seelen getöteter Tiere – oder aber ihres Herrn – in Verhandlungen zu treten. Schamanismus wird dabei stillschweigend als eine animistische Praktik verstanden, die im Glauben an die *Beseeltheit* von Menschen, Tieren, Gegenständen oder auch Orten erfolgt, deren Interaktion der Schamane bezeugt und begleitet. So verschieden die aufgeführten

Entitäten ihrer äußeren Erscheinung nach auch sein mögen, so sehr kommen sie doch darin überein, dass ihr *Wesen* diesen *Erscheinungen* bloß einwohnt und von diesen abgezogen werden kann (vgl. Descola 2011: 190). Dauerhaft abgezogen aber erlischt die Gestalt bzw. das, was von ihr in das soziale Leben der Menschen, Tiere und Dinge hineinreicht. Grundlegend für diese Weltsicht ist, dass das soziale Leben über Gattungsgrenzen hinweg als geteilt und miteinander verbindend erfahren wird, etwa in der Angewiesenheit der Inuit auf Inlandsjagdbeute im Sommer und Fische sowie Meeressäuger im Winter. Es handelt sich also um keine großen agrarischen Gemeinschaften, sondern meist um Jäger und Sammler und oft um wenigstens seminomadische Gesellschaften. Sie sind klein, aber in diesem Kleinen durchaus große Meister, so sehr, dass sie komplizierte Mythen und Legenden kreieren, um sich gegen das Große abzuschirmen. Gegen die Einführung der Schrift zum Beispiel. Und damit oft auch gegen eine effizientere Herrschaft von *außen*. Der Lohn dafür ist eine gewisse Egalität (zumindest der einzelnen Segmente, z. B. Verwandtschaftsgruppen) dieser Gesellschaften. Der Preis ist, dass alle quasi allein vor dem Schicksal stehen. Oder sie gehen zum Schamanen und bitten ihn um Hilfe.

Dass Schamanen fliegen, behauptet Mircea Eliade, der den Schamanismus als Technik kulturell dekontextualisiert hat (vgl. 1951: 91 ff). Aber nicht nur er. Die Überzeugung, dass *wirkliches* und *bloß* vorgestelltes Fliegen eng miteinander verbunden seien, teilen heute zahlreiche Ethnologen, Biologen und Neurowissenschaftlerinnen. Ohne Werfen kein Fliegen, ohne projektives Sich-Vorweg-Entwerfen kein Wurf, und ohne aufrechten Gang und damit befreite Wurfhand kein Entwerfen (vgl. Hauschild u. a. 2011). Sollte es den Schamanismus als solchen geben, dann vermutlich als genau das: als Entwurfskunst (zwischen Körper und Geist).[21] Und damit auch als Selbst-Entwurf. Möglicherweise deshalb haben Theoretiker wie Ernesto de Martino in den Schamanen die Architekten des Selbst gesehen, diejenigen, die sich selbst als Grundstein setzen.

Nach Äquivalenten des zirkumpolaren, eurasischen Schamanismus in der abendländischen Kulturgeschichte zu schauen – denn um diese soll es hier gehen –, würde folglich bedeuten, nach dem Flug zu schauen sowie danach, wann und wie er mit Geistern und Heilung verbunden wird. Wie zu erwarten, landet man sogleich – man landet natürlich nicht, man hebt eher ab – bei den Heiligen. Über einen von ihnen, einen gewissen Giuseppe Desa (1603–1683), nach seinem Herkunftsort popularisiert als Giuseppe da Copertino, hat der Schweizer Romancier Blaise Cendrars (1887–1961) sein vielleicht

---

[21] Nach Hans Blumenberg hat auch der Begriff im Steinwurf seinen Ursprung, und erlangt in der Falle seinen »Triumph« (vgl. Roselli 2013: 36). Das fügt sich gut ein, denn dass der Entwurf des Menschen ohne seinen (wenngleich rudimentären) Begriff auskommt, ist unwahrscheinlich.

persönlichstes Buch geschrieben – in Erinnerung an den in der Résistance zugebrachten Anfang des Zweiten Weltkrieges, vor allem aber im Gedenken an seinen Sohn Rémy, der als Jagdflieger im Kampf gegen die Deutschen abgeschossen wurde: *Le lotissement du ciel* (vgl. Cendrars 1949). Cendrars versucht einen Absturz zu verwinden, das Heil zu sehen, das diesen ungeschehen macht, aus der Geschichte enthebt, obwohl sich alles in der Geschichte zutragen soll. Und er rekonstruiert deshalb die über siebzig Flüge von Giuseppe aus Copertino, den er, noch bevor die amerikanische Air Force es tut, zum »Schutzheiligen der Flieger«, so der Titel der deutschen Übersetzung, erklärt.

Aber wer war Giuseppe da Copertino? Was man von ihm weiß, ist in der Sprache der Heiligenviten verfasst, die, je mehr sie sich von den bezeugten Tatsachen entfernt, blumiger in der Botschaft und auf geradezu abstruse Weise pedantisch im Erzählen der Umstände wird. So wissen wir beispielsweise, dass Giuseppe sechsunddreißig Meter flog, wobei seine Füße anderthalb Meter über dem Boden schwebten (vgl. De Matteis 2013: 32-80). Und man weiß auch, dass er rückwärts flog, ein Umstand, der Cendrars besonders in Staunen versetzte. Hätte er Walter Benjamins Thesen *Über den Begriff der Geschichte* (1940) gekannt, so hätte Cendrars neben dem Rekord auch die eschatologische Dimension dieser Flugfigur gewürdigt. So aber scheint es, dass die Rekorde sich einschreiben in eine durchaus komisch wirkende Serie von Behauptungen, mit denen der italienische Süden gegenüber dem Norden aufzuholen gedachte. Bis ins 17. Jahrhundert war Religionsgeschichte in Italien nämlich die Geschichte des »entwickelteren« und um bedeutende Städte viel reicheren Nordens gewesen. Die Jesuitenmission ins Innere – *nelle Indie di quaggiù* – bezeichnete deshalb einen der wichtigsten Schritte auf dem Weg zur Angleichung von Nord und Süd, den Kritiker allerdings schon bald als *livellamento* bezeichneten. Diese als *Gegenreformation* in die Geschichte eingegangene Bewegung schuf allerdings neben der katechetischen Ausbildung, der Notwendigkeit, lokale Heilige zu etablieren, sowie großen Kirchen- und Klosterprojekten, auch eine *Grauzone*, in der sich eine, man könnte sagen: oberflächlich angeleitete, aber tatsächlich um die Sakramentalien konzentrierte Volksreligion artikulierte (und diese zugleich für die »höhere Religion« bewahrte). Und dazu gehört, aber eben mit dem Blick auf die Leistungsschau der »Entwickelteren«, der Kult um Giuseppe da Copertino. Laut Stefano de Matteis befindet er sich »eingezwängt zwischen dem Ende der Welt der Folklore – gemacht aus Magie, Fruchtbarkeitsriten, Alternativreligion – und der Welt der Gegenreformation – geleitet aus den Heiligen Uffizien, unter der Ägide der evangelisierenden Orden und der neuen Rolle des ländlichen Raumes.« (ebd.: 38 [Übers. U. v. L.])

Einer der interessantesten Gegensätze in dieser an barocker Dialektik reichen Lebensgeschichte ist der zwischen der Verstocktheit Giuseppes und seiner tiefen Frömmigkeit, die ihn bei Gelegenheit ekstatisch ergriffen in die Luft gehen lässt. Es wird berichtet, dass der Vater sich seines über Gebühr begriffsstutzigen und zu nichts zu gebrauchenden Sohnes zu entledigen suchte, indem er ihn zu den Kapuzinern und später zu den *frati minori*, den Kleinen Brüdern, brachte. Überall dort war Giuseppe für die niederen Dienste zuständig, für die er viel zu lange brauchte, wenn er sie überhaupt beendete. Zum Priesterexamen und zur Priesterweihe wurde er gar nicht erst zugelassen. Eine Quelle berichtet, man habe ihn aus Mitleid geweiht. Eine andere wiederum führt aus, dass Giuseppe die übrigen, als sie zur Examinierung vor dem Bischof erschienen, fliegend einholte und auf jede Frage mit »Amen« antwortete (ebd.: 70). Diese Gottergebenheit, sie selbst ist ja eine Gnade, habe auf die Geistlichen derart tiefen Eindruck gemacht, dass sie ihn das Examen bestehen ließen. Sie verhinderten allerdings nicht, dass Giuseppe in der zweiten Hälfte seines Lebens, in Neapel, vom Inquisitionstribunal vernommen wurde; es durfte kein Zweifel an der Rechtmäßigkeit seiner Levitationen oder den Spontanheilungen in seiner Gegenwart entstehen. Als er nach Abschluss des Verfahrens eine Messe in der Kirche des Heiligen Gregor der Armenier zelebrierte, erhob er sich zum Dankgebet am Schluss noch einmal kurz in die Lüfte (ebd.). Die Inquisitoren ließen ihm diese Reverenz durchgehen.

Stefano de Matteis hat dargelegt, dass die Heiligenviten Giuseppes mit zunehmender zeitlicher Entfernung auf die Kindheits- und Jugendgeschichte verzichten. Damit gerät nicht nur die vorgebliche Blödigkeit, sondern mehr noch eine wohl fünf Jahre währende Krankheit ins Vergessen, die Giuseppe ans Bett gefesselt und die er mit Hilfe der Maria delle Grazie überwunden haben soll. Am Ende der Krankengeschichte stehen chronologisch die ersten Flugberichte. Der Flug bezeichnet also nicht einfach das Gegenbild zur Schwere des wortkargen Mannes, sondern den Ausweg aus einer auch körperlich sich manifestierenden Krankheit – Giuseppe wird also nicht einfach vom Idioten zum ›Seiltänzer der Seligkeit‹, sondern das Fliegen kompensiert die Unfähigkeit zum normalen Aufstehen und Laufen. Folgerichtig schreibt de Matteis, man entdecke in der Heiligenvita die mühsam von der Kirche überschriebene Geschichte eines Kranken, der zum Heiler der Armen wird, die Geschichte eines Magiers. Man könnte hinzufügen: die eines Schamanen. Einschließlich der typischen Initiationskrankheit, der sozialen Unangepasstheit und der Albernheiten, die die ekstatischen Reisen in noch hellerem Licht erscheinen lassen.

3

Die Religionsethnologie hat vorgeschlagen, zwischen »Ekstase« und »Besessenheit« zu unterscheiden (vgl.

Lewis 1989), und an diesem Unterschied eine Vielzahl vorher für ähnlich gehaltener Phänomene aufzureihen.[22] »Ekstase« bezeichnet somit Vorgänge des Erhebens und Ausfahrens der Seele, während der zurückgebliebene Körper entsprechend leer sei. Ekstatiker werden von etwas angezogen – in der kanonischen christlichen Mythologie etwa Teresa di Avila –, oder sie haben Techniken gelernt, um sich vom Irdischen abzustoßen – die durch Zittern und Schütteln autoinduzierte Trance etwa. »Besessenheit« indes bezeichnet eine Bemächtigung des Körpers (und des Geistes) durch eine andere Kraft, die das Selbst »wegdrückt«: Sie kann dazu eingeladen werden wie in den Ritualen der *Divine Horsemen* aus Haiti, von denen Maya Deren berichtet,[23] oder aber sie manifestiert sich aufgrund ihrer großen, meist negativen Macht, wogegen dann ein Exorzismus helfen soll. Im Unterschied zu Ekstatikern gibt es keine im strengen Sinne »Besessenen«, die sich an ihren »anderen Zustand« (um den säkularen Ausdruck Robert Musils zu verwenden) erinnern.

---

[22] Heute unterscheidet man eher zwischen *possession*, *trance* und *possession trance*: Man kann von etwas besessen sein, z.B. unter der Macht einer anderen Person stehen, ohne deshalb in Trance zu geraten, man kann in Trance geraten, ohne besessen zu sein, oder man agiert die Besessenheit – einschließlich der sozialen Erfahrung absoluter Subordination und Abhängigkeit – in Form einer oftmals komplexen, rituell gestalteten *possession trance* aus (vgl. Bourgignon 2004).

[23] Vgl. ihren gleichnamigen Dokumentarfilm aus dem Jahr 1954.

Diese idealtypische Unterscheidung birgt einige Probleme. Eines taucht auf, wenn man an ein Phänomen denkt, das vermutlich bereits zur Zeit von Giuseppe da Copertino ganz in seiner räumlichen Nähe, in den Orten Nardò und Galatina im Salento, bekannt gewesen ist. Gemeint sind die *tarantati*, vulgo: Tarantelbesessenen, deren Existenz der Jesuit Athanasius Kircher auf einen das Mischungsverhältnis der Körpersäfte durcheinanderbringenden Spinnenbiss zurückzuführen versuchte, während die Tarantel mehrere hundert Jahre später von Italiens Neubegründer der Religionsethnologie, Ernesto de Martino, als kulturelle Codierung von Unglück und »Gewissenspein« enttarnt wurde. Die meisten *tarantati* waren Frauen – wie überhaupt Frauen mehrheitlich den »Besessenen«, den Agierten, statt den »Ekstatikern«, den Agierenden, zugeordnet werden. Sie waren selbst mehrfach marginalisiert schon aufgrund der Zugehörigkeit zur ärmeren Landbevölkerung, häufig kinderlos, unverheiratet, oft kränklich. Annabella Rossi, eine Kulturanthropologin aus Rom, die in den 1960er Jahren Forschung im Salento betrieb und eine Briefbeziehung zu einer gewissen Michaela Margiotta einging, zeigte anhand von deren *Lettere da una tarantata* (vgl. Rossi 1969), dass diese Besessenheit häufig mit epileptischen Störungen, Mangelernährung und mit komplizierten Familiengeschichten einherging, die dazu drängten, in Beziehungen zu mehreren lokalen Kulten elaboriert zu werden. Im Falle von Michela Margiotta war es die Beziehung zum Heiligen Donatus, der in Monsanto verehrt wird: der Heilige, der schlägt.[24] Er gibt die Krankheit und nimmt sie, und Erleichterung verschafft nur die Identifikation mit dem Heiligen bzw. die vollständige Unterwerfung unter ihn (vgl. ebd.: 40 ff.). Epilepsie ist in Süditalien die Krankheit weiblicher und männlicher Seher und Heiler par excellence: Sie manifestiert sich in jungen Jahren und verursacht Absencen, die man als »Verzückung«, »Entrückung«, kurz: als psychosomatisches Durcharbeiten von Überwältigungsmomenten lesen kann. Diese Überwältigung tritt besonders dort zutage, wo die Wirksamkeit des Einzelnen von mehreren Seiten beschränkt wird – von der sozialen Ordnung, der familiären Solidarität, den quasi feudalistisch vermittelten Beziehungen zum Territorium. Epilepsie – und es ist oft nicht klar, welche medizinische Valenz die etwa als *mosse epilelettiche* bezeichneten Konvulsionen tatsächlich haben – bedeutet dann das Übersetzen dieser Überwältigung in einen überindividuellen Horizont, vor dem sie gleichermaßen lokalisierbar und behandelbar erscheint. Eine unpersönliche Kondition (krank sein) wird in eine persönliche Bindung (zu San Donato) verwandelt. Das gesellschaftliche und historische Leiden wird der Sprache zugänglich, wenn es in Beziehung zu einem Heiligen oder auch zum Spinnenbiss gesetzt wird. In

---

[24] Eindrücklich dokumentiert im Kurzfilm von Di Gianni, *Il male di San Donato* (1965).

letztgenanntem Fall wird der »andere Zustand« als Vergiftung semantisiert, die durch einen wilden Tanz gleichsam exorziert wird. Die jahrhundertealten Überlieferungen der Humoralpathologie spielen bei diesem Bewegungsablauf möglicherweise eine Rolle, aber sie sind eben nichts anderes als der Hintergrund, vor dem sich die kulturell tradierte Szene abhebt.[25] Auffällig ist, dass die Vergiftung selbst als Verwandlung des Opfers in das Tier erscheint, eben als »Besessenheit«, die durch Tanz und Musik ausgetrieben wird. Deshalb könnte man vielleicht von mimetischer Befangenheit sprechen, die – anders als beim Jagdzauber beispielsweise – keine Nachahmung sucht, sondern in einem immer schon präexistierenden Verwandlungszusammenhang nach einem Ausgang schaut. Da häufig das gesamte soziale Umfeld der Tarantierten involviert ist, musikalische Begleitung und Verköstigung inbegriffen, da die Szene der Besessenheit mit dem Fest des Dorfes oder zumindest des Weilers zusammentrifft, ist es womöglich richtig zu sagen, dass hier am Ende die Gesellschaft der Menschen gegen die anderen, tierischen und dämonischen Gesellschaften her-

---

[25] Zum Kult und seiner Interpretation vgl. De Martino (1961). De Martino begab sich mit einer Equipe aus Fotografen, Feldassistentinnen und einem Psychologen an den Ort des Geschehens und verfasste über den 21-tägigen Aufenthalt ein Buch, das den Kult nicht nur bewahrte, sondern zugleich als Blaupause für seine Reenactments in diesem Jahrtausend diente. Vgl. dazu auch Schäuble 2016; Schäuble 2019.

gestellt wird, im Wissen um eine immer fragil bleibende Abgrenzung. Kultur hat mit der Gestaltung von Grenzen und deshalb mit Übergängen zu tun, mit einer mimetisch ausgeübten Übersetzungstätigkeit.

Ähnlich wie in den Überlieferungen zu Giuseppe Desia tritt zur Tarantelbesessenheit bald eine christliche Referenz hinzu, die die ekstatische Bewältigung menschlichen Leidens einfängt. Es handelt sich um Bilder des Apostels Paulus, der auch als Töter von Giftschlangen in Erscheinung getreten war – an seinem Festtag, dem 28. Juni –, und vor dessen Bild die Tarantelbesessenen nun ihren Exorzismus betreiben. Beziehungsweise in dessen Kapelle sie eindringen, auf den Giebel von dessen Altarbild sie – in Trance wohlgemerkt – mit erstaunlicher Behändigkeit steigen, wo sie sich erbrechen und urinieren, bis sie in sich zurückkehren und bemerken, wie schwierig der Abstieg fällt. Sie stürzen nicht auf die Erde, aber wohl in sich selbst zurück, nachdem sie, wie Giuseppe da Copertino, geflogen sind. In den Ausdrücken der Kirche, die Ioan Lewis' Unterscheidung von »Ekstase« und »Besessenheit« bereits in der Gegenreformation und damit 300 Jahre früher justiert hat, ist dies der Fall, wo die Überlagerung von *possessione* und *estasi* sichtbar wird. Und diese Überlagerung muss ja sichtbar werden, wie wollte man sie sonst unterscheiden?

4

Im Nordosten der Region Apulien, in der sowohl die *tarantati* als auch San Giuseppe da Copertino beheimatet waren, und zu einer Zeit, als das Zuschauen bei den Tarantelaustreibungen seine kathartischen Effekte auf die Volksmengen durchaus noch auszuüben imstande war, befand sich im Kapuzinerkloster von San Giovanni Rotondo die Heimstätte von Francesco Forgione, genannt Padre Pio. Geboren wurde er 1887 im kampanischen Pietrelcina, etwa hundertfünfzig Kilometer weiter westlich. 1968 sollte er sterben.

Heute gibt es sowohl in seinem Geburtsort als auch an seiner letzten Wirkungsstätte Museen, in denen sein Leben für die immer noch zahlreichen Pilgerreisenden aufbereitet wird. In Pietrelcina, in einer waldreichen Berglandschaft nahe Benevento, kann man fast nach Art alter Dioramen an der Kindheit des Heiligen teilnehmen. Porträtiert wird eine karge, aber durchaus heitere Jugend, samt Eltern, die für die Ausbildung ihres Sohns, dessen geistliche Bestimmung sich früh abzeichnete, allerhand Opfer brachten. Auch Francescos Einsamkeitssuche, seine Immersion in die Landschaft, werden ausgemalt. Frühe Versuchungen durch den Dämon dürfen nicht fehlen. Starrsinnigkeit oder Verstocktheit werden zitiert, ein wenig wie bei Giuseppe Desia: »o Lupo surd«, der »taube Wolf«, sei er genannt worden.[26] In San Giovanni Rotondo hingegen hat man den Eindruck, in einer ganz mit dem Heiligen verschmolzenen Stadt zu sein. Während Pietrelcina den kulturellen Kontext, die Bedingungen herausstellt, ist San Giovanni Rotondo durch Pio gemacht. Es liegt auf einer Hochebene, auf der ein rauer Wind weht, und beherbergt neben der zum Museum erweiterten Kirche und dem in einem *santuario* für Massenveranstaltungen mit mehreren Tausend Pilgern eingelassenen Grab außerdem das riesenhafte Krankenhaus, das die Kapuziner aus Spenden errichtet haben, und das als eines der besten Italiens gilt. Es ist, als sollte die Heilkraft Pios sich in der Fähigkeit zu biomedizinischer Behandlung fortsetzen, was zum einen deren Anerkennung durch den Heiligen, zum anderen sie selbst als Gegenstand der Gnade impliziert – ihr allgemeines Funktionieren ebenso wie ihr individuelles Gewähren. Im Museum kann man heute in mehreren Korridoren Pios Wirken abschreiten, seine Freundschaft zu männlichen Politikern, Künstlern, Intellektuellen, und seine Beziehung zu Frauen, denen er geistlicher Ratgeber war und die er oft in entsprechende Kongregationen zu

---

[26] Vielleicht eines der ältesten Motive christlicher Mystik: das Versinken in die Landschaft, der sich als *natura naturata* die Fähigkeit des Gottes eingeprägt hat, während sie als *natura naturans* noch das Echo einer paganen Eigenmacht behält, das im Menschen die Angst vor dem Uneindeutigen aufkommen lässt. Landschaft als Hinleitung zu Gott und zugleich als Versuchung, der widerstanden werden muss.

bringen versuchte. Frauenporträts säumen den Treppenaufgang, ganz so, als habe Padre Pio seinen Aufstieg mit ihnen und durch sie vollzogen. Das Museum lädt aber auch dazu ein, einen Blick ins Innere, das heißt, in das an Padre Pio demonstrierte Heilsgeschehen zu werfen. Da ist ein Stück des Baumes, unter dem er seine Visionen hatte, bevor er die Stigmata, die Wundmale, erhalten haben soll; da sind die blutgetränkten Hemden nach dem nächtlichen Kampf mit dem Bösen, die Binden, mit denen er seine Wundmale überdecken sollte. Heute gibt es audiovisuelle Installationen, auf denen der Heilige seine berühmten Aussprüche tut: »Nicht um Jahre bitte ich, sondern um Seelen, die ich emporführen kann!« Überhaupt ist die *anima*, die Seele, um deren Erlösung Padre Pio als Mystiker fortwährend bittet, der vordringlichste Begriff.

In Padre Pios Lebensgeschichte stehen zwischen der Priesterweihe und den Stigmata sechs Jahre, in denen er so krank gewesen ist, dass die Oberen beschlossen, er möge sich daheim in Pietrelcina kurieren. Über die Natur der Krankheit gibt es widersprüchliche Angaben, allerdings fallen in diese Zeit, wenigstens den Briefen Padre Pios zufolge, bereits die ersten *stimmate provvisorie*, vorübergehende Stigmata, die kommen und gehen, etwa nach inbrünstigem Gebet, wobei der Schmerz von nun an dauerhaft brennt. Eine intensiv erlebte »Dornenkrönung« und »Flagellation« stehen ebenfalls im Protokoll (vgl. Luzzato 2007: 35). Die Vermutung, dass die Krankheitsjahre gleichermaßen die physische wie die psychische Konstitution betrafen und dass Phasen der Manie mit solchen der tiefsten Zerknirschung abwechselten, Erwähltheitsglaube in Nichtigkeitsgefühle umschlug, dass es also eine Balance zu finden galt, scheint auch durch das Verhalten der Oberen bestätigt, denen der Kapuziner vermutlich etwas exaltiert vorkam. Der Zweifel der Ordensführung sollte sich bald zum Zweifel der gesamten Amtskirche auswachsen, bis dahin, dass im Zuge der wachsenden Popularität Padre Pios der Franziskaner Agostino Gemelli aus Rom entsandt wurde, um die Echtheit der nunmehr permanenten Stigmata zu untersuchen – und zwar nicht allein als Chemiker, der Gemelli auch war, sondern besonders im Hinblick auf die richtige Reaktion des Stigmatisierten, also seiner *umiltà*, Demut (Ähnlichkeiten zur humoralpathologischen Interpretation der *tarantati* sind bei diesem Blick auf die Passgenauigkeit von Körperflüssigkeiten und Betragen Zufall, oder nicht?). All diese Reaktionen bezeugen die Skepsis gegenüber einer *Anomalie,* die einen Platz im Zentrum beansprucht (vgl. Luzzato 2007). Gewiss spielt dabei auch eine Rolle, dass kirchliche Autoritäten sich durch einen offenbar massenwirksamen Pater herausgefordert sahen, dass Unordnung einkehrte, wo doch eigentlich die jungen Mittelschichten des immer noch jungen italienischen Staatswesens sich durch nach innen gerichtete Frömmigkeit zu Trägern eines moderneren Christentum umbilden sollten. Padre Pio forderte, gerade indem er seine Krankheit mit den Stigmata krönte, das Amtscharisma als Quelle katholischer Macht heraus – seine Wirkung beruhte auf der »Machtquelle Liminalität« (van Loyen 2016: 220). Auf diese kann eine religiöse Institution natürlich nie ganz verzichten, von ihr zehrt sie, aber sie wird stets versuchen, sie zu domestizieren.

5

Im Jahr 1961 war Padre Pio bereits über regionale, ja sogar Landesgrenzen hinaus bekannt. In diesem Jahr hielt sich in San Giovanni Rotondo auch der deutsche Schriftsteller Franz Jung auf (1888–1963). Jung hatte als expressionistischer Dramatiker einige Erfolge gefeiert, vor der Machtergreifung der Nazis hatte er in Berlin die Aufführung von Bertolt Brechts Stücken dramaturgisch begleitet. Seit 1933 lebte er im Exil. Über Prag, Wien und Budapest gelangte er nach Italien, schließlich nach New York. Durch seine Autobiografie *Der Weg nach unten* (1961) kehrte er in die großen deutschsprachigen Feuilletons zurück. Padre Pio scheint ihn über einen längeren Zeitraum fasziniert zu haben, womöglich, wie man seinen Briefen entnehmen kann, weil Jung glaubte, durch die Beobachtung seines Kultes eine Studie über das Entstehen und das Scheitern religiös motivierter Revolutionen verfertigen zu können. Er versuchte sich dafür an einem Essay über die Katharer – der Text erschien posthum unter dem Titel *Revolte gegen die Lebensangst. Die Albigenser* (1983) –, mit der Absicht, »die Verbindung zur heutigen Zeit, zur heutigen Lebensangst, und deren Überwindung mit der Ausrottung als die Folge darzustellen. Ich finde hier außerordentliche Anregungen und Parallelen. Über kurz oder lang wird Pater Pio erledigt werden, umgebracht, an Verordnungen erstickt.« (Jung 1996: 42) Allerdings beschränkt Jung sich darauf, die Lebensangst als Symptom für eine apokalyptische Furcht zu deuten, die mit der öffentlichen Beseitigung ihrer Propagandisten wieder verschwinden würde. Andere Autoren teilten diesen Glauben an die Macht des Bestehenden nicht. Die Parallelisierung von zeitgenössischer italienischer Volksreligiosität mit radikalen eschatologischen Gruppierungen, die wie die Katharer durch Weltentsagung sozialrevolutionäre Tendenzen begünstigten, pflegten gerade historisch versierte Sozialanthropologen und Religionswissenschaftler. Ein italienischer Ethnologe, Vittorio Lanternari, veröffentlichte im Jahr 1960 eine Studie mit dem Titel *Movimenti religiosi di libertà e di salvezza dei popoli oppressi* (dt. *Religiöse Befreiungs- und Erlösungsbewegungen der unterdrückten Völker*), in der er einen strukturellen Vergleich sogenannter messianistischer Bewegungen vornahm: in Lateinamerika, in Ozeanien – die berühmten Cargo-Kulte –, und auch in Italien (vgl. Lanternari 1960).[27] Lanternari vertiefte da-

[27] Der Erfolg, ebenso wie der Argwohn, den das Buch hervorrief, be-

mit Beobachtungen, die sein Lehrer Ernesto de Martino gemacht hatte, der den Kampf um die *presenza* als wichtigste psychische und kollektive Aufgabe fasste, die allerdings, wie im Fall der Schamaneninitiation, durch ihre eigene Negation hindurchmuss. Das ist, ohne hier in Details gehen zu können, durchaus ein *expressionistisches* Denkmotiv, für das sich bei Walter Benjamin auf der geschichtsphilosophischen ebenso wie bei Siegfried Kracauer auf der ästhetisch-soziologischen Ebene – etwa im Essay zum *Ornament der Masse* (1927) – Belege finden lassen. Bei Jung scheint das Motiv ebenfalls auf, aber als in der Erfahrung eines langen Lebens und vielfacher Fluchten gebrochen. (Angesichts von Deutschlands Zusammenbruch und dem Neuaufbau nach dem Zweiten Weltkrieg hatte er gesehen, wie sich dieses Motiv je nach Perspektive als Farce oder als Albtraum verwirklichte.)

Franz Jung scheint 1961 den Plan gehegt zu haben, ein *treatment* für einen Dokumentarfilm über Padre Pio

---

ruhte auf der These, dass in nicht-westlichen Ländern Religion zum Motor der Revolte und hochexplosiver kollektiver Identität werden könnte. Eric C. Hobsbawm hat in seinem Vorwort zu einer späteren Auflage (2003) hervorgehoben, wie entscheidend Lanternari auf das Modell prophetischer Bewegungen im frühen Judentum zurückgreift. Aber selbst für dieses kannte Lanternari ein Beispiel süditalienischer Aktualisierung: die Juden von San Nicandro, eine Bauerngemeinde des Gargano, nur wenige Kilometer von San Stefano Rotondo entfernt, die angeblich dank der Visionen ihres »Messias« zum Judentum konvertierte und Anfang der 1950er Jahre vollständig nach Israel auswanderte.

und dessen Kult zu verfassen. Das ist allerdings nicht der einzige Grund für seinen Aufenthalt in San Giovanni Rotondo. Es gibt, so schreibt er ohne weitere Spezifikation, noch einen »persönlichen«.[28] Fasziniert zeigt er sich von der Weise, wie Padre Pios Auftritte amtskirchlich umstellt werden – wie etwa vor seinem Auftritt aus einer Papstbulle verlesen werden muss, die es vom Verhalten der Gläubigen abhängig macht, ob der Kapuzinermönch weiterhin zelebrieren darf. Aber dieser nutzt seine Einhegung gut: Padre Pio betet hauptsächlich, außerdem beschwört er die Macht des Gebetes, denn er betet für *alle*, genauso wie er für alle die Gnade Gottes am Werk sieht. Dieser Allerlösungsglaube, für den Padre Pio arbeitet, für den er sich aufopfert und verzehren lässt, scheint für Jung die Quelle seiner Popularität auszumachen. Und Jung ist auch fasziniert – obgleich es nicht in seinen Briefen steht – vom tieferen Grund ei-

---

[28] Franz Jung erwähnt in den Briefen das Schicksal seiner Tochter, die 1945 in Wien in einer Psychiatrie umgekommen war (und der er seinen Roman *Das Jahr ohne Gnade*, 1946, widmete). Padre Pio erfuhr besonders viele Besuche von an Epilepsie, an Erkrankungen aus dem psychosomatischen Formenkreis oder an depressiven Verstimmungen Leidenden, ganz unabhängig davon, ob sie im kanonischen Sinn gläubig waren oder nicht. Der Schutz und die Hegung, den Ritual und ritueller Raum den Betroffenen verschaffen, steht im krassen Gegensatz zur nationalsozialistischen Euthanasie, der Jungs Tochter, so dessen Überzeugung, zum Opfer gefallen war. Als persönlicher Grund könnte überdies Jungs spiritistisch aktive Freundin angeführt werden.

nes Dissenses mit dem Vatikan, den dieser aber nicht zu formulieren weiß, womöglich nicht formulieren darf. Und zwar, da Padre Pio *im Prinzip* nichts Verbotenes lehrt, sondern lediglich seine Zuständigkeit als guter Christ – Seelen zu retten, zu bekehren, für sie Fürbitte zu halten – in einen Exzess treibt, den die Kirche nicht mehr gutheißen kann (als ob die Sakramentalien das kanonische Recht außer Kraft setzten). Damit nämlich würde sie, aber auch die Zeit, in der sich unsere Weltgeschichte vollzieht, an ein Ende gelangen. Und dieses Ende bedeutet zugleich das Ende der Macht, jeder Macht – eine Option, die für den vormaligen Anarchisten Franz Jung zumindest denkerisch reizvoll gewesen sein muss.

Erstaunlich ist, wie sehr Jung seine Analyse des Padre-Pio-Kultes in dessen sozialgeographische Bedingungen einbettet. »Sie müßten hier mit der Landschaft beginnen als dem zentralen Punkt,« schreibt er an Artur Müller, mit dem er den Film zu realisieren gedenkt:

> *Die Kargheit dieser Landschaft und die Steine [...]. Die Ackerversuche werden immer nach einigen Jahren wieder aufgegeben, etwas Grün bleibt zurück, gerade genug für eine Ziege, die sich der Bauer halten kann. Die Steine quellen buchstäblich aus dem Boden wieder hervor. [...] Daneben sehen sie hier noch die Kontraste des Bauern, der seinen Lastesel führt oder reitet, und den modernsten Autobus der Sita. [...] Der Autobusverkehr hat übrigens auf die Lebensumstände in den davon berührten Ge-*

meinden nicht den geringsten Einfluss (Jung 1996: 362 f.).

»Amoralisch« und auf »Devotion« aus sei die Bevölkerung, schreibt Jung, mit Ausdrücken, die an Edward C. Banfields Studien über *Amoral Familism* (1958) in Süditalien denken lassen.[29] Jeder kämpfe für sich in seiner »Gier nach Gnade«. Diese Gier setzt aber für Jung auch die Kräfte der Revolte frei:

Zum Beispiel, fast als Groteske, die Bauern, die auf den riesigen Latifundien in den Olivengärten arbeiten, kommen nach Dörfern geschlossen nach hier, für 3 Tage, um vorher um Verzeihung zu bitten, um die Gnade, dass die Behörden Verständnis haben werden, wenn sie dann nach Hause gehen, die Häuser der Polizeistationen anzünden, einige Lagerhäuser stürmen, unbenutztes Land in Besitz nehmen, dort in Zelten mit den Familien hausen und eine Steinhütte errichten (ebd.: 365).

Franz Jung beschreibt Padre Pio als den Eckpfeiler eines Bauernsozialismus, an dem der Mönch selbst unschuldig ist: Er fordert nicht zu entsprechenden Revolten auf, er bittet lediglich um Gnade. Es ist, als sei das Verhältnis

[29] Edward C. Banfield, der in der Basilikata Feldforschung betrieben hatte, führte den ökonomischen Misserfolg des italienischen Südens auf ein familistisches Ethos zurück, das sich kaum in nicht-familiäre Bünde, also einen Staat, integrieren lasse (vgl. 1958).

zwischen kosmischer und menschlicher Ordnung ganz von der Arbeit, der *operosità*, des Volksheiligen abhängig. Und zwar *dieses* Heiligen, über den die Amtskirche zu entscheiden hat, ob sie sich von ihm repräsentiert sehen will oder ob sie ihn ausscheidet. Aus diesem Grund hatte Jung letztlich Unrecht: Padre Pio wurde – im Gegensatz übrigens zu manch anderen Heilern[30] – nicht getötet, sondern hat Jung um fünf Jahre überlebt; Kirche und Politik versuchten ihn jeweils einzubinden, was ihnen nicht so sehr inhaltlich oder durch bestätigende Wortmeldungen seitens Pios gelang, sondern durch medial dokumentierte Nähe. Padre Pio wurde in Italien der Medienheilige schlechthin, nicht allein, weil sein Wirken in die Zeit des aufkommenden Fernsehens fiel, sondern weil seine Medialisierung ein Weg war, sich seiner als Ressource zu versichern und ihn damit unschädlich zu halten.

6

Wahr ist, Padre Pio »fliegt« nicht. Im Gegensatz zu Giuseppe Desa ist er ein territorialer Heiliger, der aufgrund seiner Stigmatisierung als der »unheilbare Heiler« angesprochen werden könnte, unheilbar vielleicht, weil durch

---

[30] Etwa die von ihrem Neffen besessene Giuseppina Gonnella, die 1972 in Serrardarce bei Salerno erschossen wurde. Auch sie war ein Katalysator millenaristischer Energien. Vgl. den ersten Essay im Band.

Abb. 2: Statue Padre Pios bei Benevento

ihn ein anderer wiederkehrt (Franziskus, Christus), dessen Bild und Platzhalter er ist.[31] Allerdings gibt es verschiedene Zeugnisse, denen zufolge Padre Pio an mehreren Orten gleichzeitig gesehen wird, als löste sich seine Seele von seinem Körper, um in Windeseile von einem Ort zum anderen zu gelangen. Schamanische Gabe beweist sich auch in der Beschwörung der Toten, im Sehen der Toten, die als wahrer Ansturm, als *Wind*, erfahren werden. Dieses Sehen kann als schamanische Macht verstanden werden, der Schamane also als Aufwiegler des Heeres der Toten. So unterschiedliche Autoren wie Otto Höfler (1934) und Carlo Ginzburg (2019) haben über diesen Komplex geschrieben, der die Ambivalenz des Schamanen verkörpert und die Furcht begründet, die manche vor ihm hegen. Im Fall von Padre Pio dominiert der Kontakt mit den Seelen, die Fähigkeit, sie zu sammeln, sie nach *oben* zu geben, zum christlichen Gott. Zugleich binden sich an ihn apokalyptische Phantasien. Er

---

[31] Auf dem Weg zum Grab im Inneren des Santuariums von S.Giovanni Rotondo kommt man am Zyklus einer Gegenüberstellung von Padre Pio und Franziskus von Assisi vorbei, die Pio tatsächlich als »Wiederkehr« des Letzten nahelegt. Übrigens dachte der Orden ursprünglich daran, diesen Weg von Gerhard Richter gestalten zu lassen, dessen Entwürfe – später realisiert als der sechsteilige Zyklus »Abstraktes Bild, Rhombus« (heute Museum of Fine Arts, Houston/Texas) – wenig erstaunlich abgelehnt wurden. Ein von silbergrauen und königsblauen Schlieren durchbrochenes Blutrot verbindet auf diesen Arbeiten Antike (Pompeji?) und die Mystik des Stigmatisierten. Einerseits war dies wohl zu abstrakt, andererseits blasphemisch.

räumt gewissermaßen die Erde leer, sodass ein Sturm ohne Ziel, eine Leere aus Gewalt und Umsturz, durch die Lande rauschen können.[32] Einer, der dies auf der Hochebene des Gargano erfuhr, war der im Krieg bei Foggia stationierte Joseph Beuys: Von diesem und späteren süditalienischen Aufenthalten blieb ihm die Gewissheit, hier gäbe es noch das *popolo*, diese Kraft, die in ihrer Hinordnung auf den Heiligen, von dem der Deutsche gehört haben dürfte, von Zeit zu Zeit anschwoll, Aber warum wird Padre Pio überhaupt mit dieser Szene verbunden, warum gibt es keine Macht, die ordnend eingreifen könnte?

Ulla Johannsen, eine baltendeutsche Ethnologin, die lange zu kleinen Gemeinschaften im nördlichen Eurasien geforscht hat, vertritt die Ansicht, Schamanismus und entsprechend die Schamanen, seien eine Residualform des Hofaugurenwesens eurasischer Reiche nach ihrem Kollaps, die sich in kleinen, zerstreuten Gesellschaften bewahrt habe. »Only in small, scattered societies do shamans have such manifold tasks as the anthropological prototype of the shaman would indicate« (Johannsen 1999: 40). Das meint Gesellschaften, die am Rand bedeutender Herrschaftsformationen nisteten und die auch deshalb instabil waren, weil sich die Bedingungen für kontinuierliche soziale Reproduktion kaum einstellten,

---

[32] Unweit seines Geburtsorts, im Benevento, fährt in einer Statue dieser Wind dem Heiligen durch Haare und Kleidung. [Abb. 2]

weil man zu Seminomadismus gezwungen war, viele Menschen auswandern mussten, und Ähnliches. Diese Bedingungen kann man für Pater Pios Süditalien ebenfalls in Anschlag bringen, handelt es sich doch um eine Region, durch die eine Vielzahl von Kolonisatoren und Fremdherrschern gezogen sind und die kaum einen positiven Bezug zu jener Staatlichkeit entwickelte, die es nicht einmal »bis Eboli« geschafft hat. Ob man von Schamanismus in einem essentialistischen Sinn sprechen kann, so als ob damit eine feste kulturelle Form gemeint sei, oder ob man den Ausdruck nicht vielleicht heuristisch verstehen müsste, als eine Linse, die bestimmte Konditionen zeigen kann, unter denen sich Kulturtechniken wie Trance und die Kultivierung und Diskursivierung außerkörperlicher Erfahrung entwickelt haben, das bleibt eine offene Frage. Für jetzt bleibt: Die so anstrengungslos erscheinenden Flüge, die Stürze, die Einladung zu Levitationen, die Fähigkeit, andere emporzuziehen, weil man im Zustand der Gnade eben selbst schwebt, als Stärke der Schwachen anzuerkennen – bei Padre Pio, Giuseppe da Copertino, und bei Blaise Cendrars, Franz Jung und dem Publikum der Tarantelspektakel.

Schamanismus und die Kultur der Niederlage[33]

1 Einleitung

Schamanen kennen wir heute als eine Art Wiedergänger. Sie sind im 9. Bezirk in Wien anzutreffen, als »schamanisch Tätige«, die bestimmte therapeutische Leistungen erbringen, oder aber sie begegnen als Schamane der QAnon-Bewegung im Washingtoner Kapitol, oder aber man liest auf den Boulevardseiten von einem angeblichen Schamanen, den Putin vor seinem Einmarsch in die Ukraine kontaktiert haben soll (vgl. den Beginn der Einleitung). In sämtlichen Fällen haben diese Figuren gemeinsam, dass sie eine gewisse Allochronie aufrufen, wobei sich deren Konstellation von Fall zu Fall ändern mag: Sind es abgelebte Erscheinungen der Spätmoderne oder des Primitivismus, die mit den verschiedenen Masken des Schamanismus zitiert werden? Und sind es eher harmlose, bestenfalls ulkige Referenzen, oder rufen sie nicht doch eine Beunruhigung wach, die es verdient, beobachtet zu werden? Ich vertrete die These, dass der

[33] Der Text ist die erweiterte Fassung eines am 22.11.2022 am IFK Wien gehaltenen Vortrags. Dieser basierte im ersten Teil auf einem Aufsatz, der unter dem Titel »Nachkriegsschamanismus« in den *Weimarer Beiträgen* publiziert ist.

Schamanismus weder so alt ist, wie seine Enthusiasten meinen, noch so neu, wie seine Verächter glauben. Mobilisiert wurde er in einer bestimmten historischen Situation, aus verschiedenen, längst nicht immer deckungsgleichen Interessen, und eine solche Konjunktur möchte ich nachfolgend ein wenig umreißen.

2 Die Tatarenwüste

»Ich fühle mich nicht als Erlöser, aber ich möchte auf die Möglichkeit des Menschen aufmerksam machen, dass er sich selbst erlösen kann«, entgegnete Joseph Beuys (zu E. Pfister, zitiert nach Menneckes 1998: 124), als man ihm vorhielt, eine dem Sachlichkeitsstil der jungen Bundesrepublik Deutschland suspekte Privatoffenbarung zu mobilisieren. Gemeint war die Legende, wie Beuys im März 1944 aus einem brennenden Sturzkampfflieger in der krimtatarischen Steppe entkommen war. Apologeten und Kritiker stimmen darin überein, dass jener Sturz am Anfang des von Beuys geprägten erweiterten Kunstbegriffs stehen müsse, der eigentlich ein erweiterter Menschenbegriff ist: »Jeder Mensch ist ein Künstler.«[34]

Aber fällt jeder Mensch vom Himmel?

In Joseph Beuys verdichtet sich eine durchaus ambivalente Kulturgeschichte der Nachkriegszeit. Noch in

---

[34] Diese von Beuys wiederholt aufgegriffene Formel erfuhr ihre endgültige Klärung bei einem Vortrag in den Münchner Kammerspielen am 20.11.1985.

den letzten Jahren, rund um seinen hundertsten Geburtstag, widmete man sich mit publizistischem Eifer der Frage, »was vom Schamanen übrig blieb« (Ackermann 2008). Als würden seine Installationen, Skulpturen und Manifeste zusammengehalten vom Gespräch mit dem Hasen, der eine rituelle Entschuldigung für die verzweifelte Hasenverzehrung nach dem Absturz darstellen soll, von den Fettecken, die auf die rettenden Einreibungen durch die Tataren hinwiesen, vom Filz, der die versengte Kopfhaut schützte. Die Schuld des Überlebens, die Täter als Opfer, die Versöhnung zwischen Tätern und Opfern – diese für die deutsche und für die österreichische Nachkriegskultur wichtigen Motive und ihre Mimikry kann man anhand dieser Rahmungen der Beuys'schen Kunst durchspielen bzw. dekonstruieren. Die Dekonstruktion bringt dann aber auch nur Folgendes zu Tage: Dass es keine tatarischen Nomaden waren, sondern Angestellte des deutschen Feldlazaretts auf der Krim, die den Unglücksflieger versorgten, höchstens dass der einzige Tatar der örtliche Tierarzt gewesen sein könnte, der aber schon längst kein Nomade mehr war. Und vor allem, dass Beuys keine zweiwöchige liminale Phase zwischen Leben und Tod zubrachte, sondern gerade einmal einen Tag (zur Biografie vgl. Riegel 2013). Derartige Entmythologisierung verhehlt ihre Enttäuschung nicht: Wie gerne hätte man – diesem Stellvertreter des deutschen Soldaten – geglaubt.[35]

Erstaunlich ist, dass Mythologisierer und Entmythologisierer ihre Rechnung ohne Beuys und ohne das Wissen machen, das der Psychologe und Kunsttheoretiker Friedrich Wolfram Heubach expliziert hat. Mit Blick auf die personalmythischen Konnotationen von Beuys' Materialien hält er fest, es »wäre allerdings völlig abwegig, in ihnen allein schon eine hinreichende Bedingung für die Wahl dieser Materialien durch Beuys und für ihre spezifische Wirkung auf das zeitgenössische Publikum erkennen zu wollen« (Heubach 2008: 5). Vielmehr müsse der historische Kontext dieser Materialien anerkannt werden, und damit letztlich der zeitkritische Impetus von Beuys. Zu diesem historischen Kontext gehört wesentlich der Dreischritt von faschistischer Fortschrittsromantik, vom auf anfängliche Kriegserfolge und

[35] Gleichwohl drängen sich Momente – Mytheme, Narrative – ins Bild, die Beuys' schamanische Initiation deutlicher als Konversion artikulieren, wobei das Abstreifen des alten Lebens, Selbstekel, Entsagung eine nicht zu unterschätzende Rolle spielen: »Dazu gehörten bei Beuys nicht nur zwei Aufenthalte in der Psychiatrie, sondern auch die Aussagen, sich ›in Tibet einmauern lassen‹ zu wollen oder sich in eine von einem Schreiner in Kleve hergestellte und von Beuys mit Teer beschmierte Kiste zu setzen, ›um einfach mit dem Leben aufzuhören‹. Einmal schloss er sich in der Wohnung eines verreisten Freundes ein, wo man ihn nach Wochen, als man gewaltsam eindrang, im Dunkeln sitzend vorfand: ›Er hatte bereits Beinödeme und sagte, er wolle sich auflösen.‹« (Witzel 2023: 70)

enorme Expansion deutscher Herrschaft folgenden Absturz, in dem die technisch-zivilisatorische Infrastruktur weitgehend zusammenbricht, und schließlich die mehrere Jahre anhaltende Misere, in der die Ungeheuerlichkeit des Dritten Reiches nachträglich fühlbar wurde, und zwar so, dass sich laut Heubach »die Überwindung der materiellen Not gleichbedeutend mit der Bewältigung der Vergangenheit« (ebd.) darstellte. Mit anderen Worten, die Verdrängung der vom Nationalsozialismus ausgelösten, besser: letztlich *eingeforderten* Not wurde eins mit der Verdrängung des Nationalsozialismus selbst, und das bedeutete, dass nicht nur die Erinnerung des Nationalsozialismus abgewehrt wurde, um die Not nicht zu erinnern, sondern dass die Abwehr der Erinnerung an die Not auch das abwehren sollte, woran eben diese erinnern musste. Die semantische Nähe von Persilschein und gut abwischbarer weißer Kachel, die den Bau der 1950er Jahre zumindest im Rheinland bestimmte und auf die Markus Krajewski aufmerksam gemacht hat, überhaupt das gesteigerte hygienische Bewusstsein, der Begriff der *»geistigen Hygiene«* sind hier vielsagend. Umso mehr fällt auf, welche hygienisch unreinen Artikel, die in der unmittelbaren Nachkriegszeit noch eine Rolle gespielt hatten, nunmehr *unmöglich* wurden: mit Zeitungspacken gepolsterte Jacken, mit zu Filzen verarbeitete Stoffreste und Lumpen, Filze, aus denen man Gamaschen, Fußsäcke und anderes Wärmmaterial fertigte. Derartige Rückwürfe auf basale Überlebenstechniken und -materialien hatten die zivilisatorische Ernüchterung befeuert, in der man sich mit den Zeugnissen eigener und anderer kolonialer Expansion identifizierte, als die »Eingeborenen von Trizonesien« etwa (Karl Berbuers Kölner Karnevalssong von 1948).

Es verwundert also kaum, wenn Beuys 1968 vorgehalten wird, er habe »nicht ein Phänomen unseres Jahrhunderts« in Form gebracht. Der Glaube an die Moderne kann deren Kollateralschäden und Peripetien durchaus etwas abgewinnen, aber eben nichts dem, wie Heubach es genannt hat, »traumatischen Festhalten an einer verstörenden, schockhaften Erfahrung«, es sei denn, sie tritt in der Fassung eines Mythos auf, der als zeitlose existenzielle Metapher gelesen werden kann. Beuys' Erzählung jedenfalls ist, gerade aufgrund ihrer Materialfixierung, »so durchsichtig eine Metapher seiner – und nicht nur seiner – Erfahrung des historischen Sturzes dieses [...] zu tausendjährigem Flug sich aufschwingenden Deutschlands und des Zurückgeworfenseins in die primitiven Lebensverhältnisse der Nachkriegszeit« (ebd.: 6), dass die Energie der an ihr seitens der Kritiker unternommenen rationalistischen Mythenzertrümmerung zuvörderst als Fortsetzung der soeben genannten Verdrängungsarbeit erscheint. Der Schamane, der seit den frühen 1960er Jahren als vieldeutiges Motiv einer Selbstaneignung durch Fremderfahrung Profil gewinnt, war dabei für gebildete Zeitgenossen kein Problem und stellte vermutlich eine willkommene »Deckerinnerung« (S. Freud) dar – gerade in der zeitlichen und räumlichen Unabschließbarkeit der mit ihm eröffneten Bezüge –; die Verschränkung von Schamane und »Lumpensammler« indes schon, und der Widerstand gegen diese Verschränkung beweist ihre realistische Seite nicht weniger als die über Beuys' Leben andauernde Faszinationskraft ihre Phantasmagorie. Schließlich aber hat die deutsche Kulturgeschichte als Verdrängungsgeschichte – einer Verdrängung sowie der Verdrängung einer Verdrängung – dafür gesorgt, dass der Nexus von Selbstaneignung und Fremderfahrung insgesamt einer Amnesie anheimfiel.[36] An die Ursprünge dieses Nexus zu rühren, könnte eine andere, auf ihre Weise globale Kulturgeschichte der deutschen Nachkriegszeit zu schreiben helfen.

---

[36] Dass diese Selbstaneignung durch Fremderfahrung in der Umbesetzung des Besatzungszustandes als Besessenheitszustand ihren Fluchtpunkt fand, kann man den populärkulturellen und vor allem karnevalistischen Zeugnissen jener Jahre ohne weiteres ablesen. Die »Eingeborenen von Trizonesien« lassen ihre (post)-koloniale Selbstzuschreibung mit der Unschuldsvermutung zusammenfließen, die dem Indigenen als Repräsentanten der Vorgeschichte zusteht. Die Selbstprimitivisierung ist eine Möglichkeit, von Null anfangen zu dürfen; sie ist aber auch die letzte Möglichkeit im Sinn einer *ultima ratio* und wird – denn anders wäre sie nur pein- und schamvoll – als Element der Festkultur und an der Grenze des Zurechenbaren ausagiert. Paradoxerweise kann hinter dem Bedürfnis nach Festivitäten viel Elend stecken. Zum Karneval und Nachkrieg vgl. die bahnbrechende Studie von Dreschke 2024 (i. Ersch.).

Der Begriff des Schamanen begleitete die Auseinandersetzung mit Beuys' Kunstschaffen und ist spätestens seit 1960 ebenso von ihm selbst herangezogen worden. Was ist ein Schamane? Kurz – und wie schon an anderer Stelle – gesagt, jemand, der fliegt. In beispielhafter Weise hat der Ethnologe Thomas Hauschild in einer Ausstellung am Berliner HKW (2011) *Der Traum vom Fliegen* dargestellt, dass die innere Reise des Schamanen und der äußere Flug des Piloten von der gleichen Voraussetzung zehren, deren neurophysiologische Struktur wir erst erahnen: der Fähigkeit zum Voraus-Entwerfen, zur Imagination eines fliegenden Körpers. Wahrscheinlich hat diese Projektion etwas mit der menschlichen Handgreiflichkeit zu tun, mit Ausstrecken und Werfen, das heißt sie hat einen evolutionsbiologischen Sinn. Und gleichzeitig steckt in ihr ein Überschuss, der über das »Nur-Menschliche« hinausgeht, Phantasien der Entgrenzung aufruft, etwa angesichts von Außerkörperlichkeits- und Nahtoderlebnissen, bei denen das von seiner Umwelt isolierte Bewusstsein in den »Ego-Tunnel« tritt, wie es der Neurophilosoph Thomas Metzinger nennt, in dem sich noch einmal alle Kraft vor dem möglichen Verlöschen konzentriert. Hans Peter Duerr baut auf diesem schamanistischen Grenzmoment seine ganze Religionstheorie auf.

Das Wort »Schamane« geht auf ein Tungus-Wort zurück und bedeutet so viel wie »getrieben«, aber auch

»erhoben«, eine *exzentrische Erhabenheit* also, die zuerst den zirkumpolaren Heilern zugesprochen wurde – bevor man den Begriff synonym für (Geist-)Heiler verwendete.[37] Es waren deutsche und niederländische Gelehrte, die im 18. Jahrhundert auf Geheiß Katharinas der Großen die sibirischen Partien des russischen Zarenreichs besuchten und erste Schamanenportraits lieferten. Bis Ende der 1950er Jahre subsummierte man diese tungussprachigen Ethnien unter dem Tatarenbegriff, genauso wie die turksprachigen Krim- und Dobrudschatataren, unter die Beuys gefallen sein wollte. Die wohl ausführlichsten Beschreibungen des Schamanismus verfasste der Däne Knud Rasmussen, der zwischen 1919 und 1923 in Grönland seine Thule-Expeditionen durchführte, mit einer interdisziplinären Equipe und durchaus bemüht, das Weltbild der Inuit in seiner Komplexität und in seiner sozialen Verortung darzustellen – die strikte Trennung von Winter- und Sommertätigkeit, die zu zwei entgegengesetzten Gesellschaftsformen führt; die Bewährung in einer Welt fortwährender Gefahr, die durch Taburegeln geordnet werden kann, aber auch den intimen Umgang mit Geistern, denen der Schamane gelegentlich so leidtat, dass sie sich ihm als Hilfsgeister andienten.[38] Selektiv

---

[37] Vgl. Andrei A. Znamenski, *The Beauty of the Primitive. Shamanism and Western Imagination*, Oxford 2007, viii. Zumindest scheint dies die unproblematischste Version, während die Romantik nach Sanskrit-Wurzeln suchte.

[38] Knud A. Rasmussens Beschreibungen des grönländischen Schama-

auf Rasmussens Forschungen rekurrierend – die wiederum für eine ganze Reihe von zirkumpolarern Studien bis hin zu den heute im Dänischen Nationalmuseum ausgestellten Artefakten von Rane Willerslev, Sibirienforscher und aktueller Museumsdirektor, reichen – entstand in Deutschland eine »Wesensschau« des Schamanen, die gewissermaßen das hyperboräische Pendant zu Nietzsches mediterraner Dionysos-Besessenheit vorstellte, und vor allem die Theorie von der Ursprünglichkeit der Reinkarnationsreligion, wie sie Emil Rohde in *Psyche* (1899) vertreten hatte, bestätigen sollte. Für Rohde waren ekstatische Erfahrungen der schlagende Beweis für die Existenz einer unabhängigen Seele (und, was seine Nachfahren weniger interessierte, für die Wahrheit des Christentums) gewesen. In den 1930er Jahren entwickelte der vielleicht einzige deutsche UdSSR-Experte Hans Findeisen eine Typologie der »Besessenheitspriester (Schamanen)«. Findeisen erarbeitete Richtlinien, dank deren die Kolonisation Eurasiens mithilfe kleiner autochthoner Gruppen gelingen sollte, und er zog sämtliche Register, um zu beweisen, dass die Deutschen im Osten ihrer eigenen ersehnten Frühverwandtschaft ins Auge blicken würden – angefangen bei den als *Krimtartaren* wiedergefundenen Krimgoten.[39] Unter

---

nen Aua finden sich in: ders., *Across Arctic America. Narrative of the Fifth Thule Expedition*, London-New York 1927.

[39] Zu Findeisens Rolle im Nationalsozialismus vgl. u.a. Mosen 1991.

dem Titel *Die Schamanen. Jagdhelfer und Ratgeber, Seelenfahrer, Künder und Heiler* konzentrierte Findeisen seit den 1950er Jahren seine Ausführungen über das Schamanentum und eröffnete den deutschsprachigen Lesern die Möglichkeit, den Schamanismus oder besser: die eigene historische Verquickung mit der Schamanenfrage spiritualistisch zu dekontextualisieren. Freilich war auch dies nur ein weiterer deutscher Versuch, die archaischen Griechen zu finden, denen schon Nietzsches und Rohdes Suche gegolten hatte. Oder genauer: die Begegnung zwischen Griechen und Germanen zu kartieren, das missing link zu finden, das ein im innersten Wesen unbesiegbares Volk der Stirn und der Faust erzeugt haben würde. Joseph Beuys konnte bei Findeisen folgende Zusammenfassung lesen: »Der Schamane [...] ist keineswegs in erster Linie Zauberer, sondern Priester und Künstler«. Seine Kulturform beweise, »dass der schöpferische Geist und seine Gebilde zutiefst den Charakter einer sonst immer als ›primitiv‹ oder gar als ›krankhaft‹ geschilderten großen kulturellen Weltprovinz der Altmenschheit (vor der europäisch-amerikanischen Technisierung) bestimmt habe (Findeisen 1957: 14, 194).« Nur wenige Jahre nach dem Ende des Zweiten Weltkriegs, dessen Ausgang als von der Kombination aus Technik und Kampforganisation bestimmt angesehen wurde, festigte sich hier eine Projektionsfläche aus den Schwaden der Vergangenheit, um die eigene Verstrickung in den falschen Rationalismus zu thematisieren und sich auf die Seite anderer Opfer zu schlagen, die die »Wiedergeburt aus dem Geist« praktizieren. Findeisens bis in die 1960er Jahre reichender publizistischer Erfolg, der quer zu den politischen Lagern verlief, kann vor dem Hintergrund dieser Verstricktheit und der Sehnsucht nach einer unhistorischen Quelle für die Wiederaneignung von Handlungsmacht gelesen werden. Man darf ihn mehr als nur metaphorisch mit den Ausdrücken jener Jahre, mit Re-Education, Rebirth, und natürlich Re-Inkarnation assoziieren.

Dies legitimierte einen ästhetischen und politischen Widerstand gegenüber der europäisch-amerikanischen Technisierung. Ein berühmtes Beispiel hierfür ist Beuys' Aktion *I like America and America likes me* (1974), in der sich der ehemalige Wehrmachtkampfpilot mit einem Koyoten in New York einsperren ließ und sich somit die Wahrnehmung des Koyoten durch die indigene Bevölkerung aneignete.[40] In einer als postkolonial empfundenen Situation setzte der *Schamane* die bereits selbstverständlich gewordene deutsche Identifizierung mit nordamerikanischen Ureinwohnern fort.[41] Dass die Aktion gegen-

---

[40] Vgl. hierzu Raschzok 2015: 165ff. – In einem Käfig und damit wie ein Tier eingesperrt zu sein, erinnert an amerikanische Praktiken der Kriegsgefangenenhaltung – und zwar vor Abu Ghraib an das Ende des 2. Weltkriegs in den befreiten Gebieten – , wie sie etwa dem Mussolini wohlgesonnenen Dichter Ezra Pound in Pisa zuteilwurde. Dessen Ikonologie als »poeta vates« im Käfig klingt in jener der kolonialisierten Indianer und ihres deutschen Fürsprechers durchaus an. (Vgl. Schivelbusch 2015: 67f.

[41] Zur deutschen Indianergeschichte vgl. Penny 2013.

über der Goldmann-Sachs-Bank stattfand, verlieh ihr in den Augen mancher Kommentatoren auch einen antisemitischen Hautgout.

Ein anderer Autor, dessen Texte Beuys inspirierten, war der ehemalige Propagandist der Eisernen Garde, Mircea Eliade, dessen *Schamanismus und archaische Ekstasetechnik* 1956 in deutscher Übersetzung erschien. Eliade ermöglicht eine Dekontextualisierung des Schamanen, indem er jene Schritte generalisiert, durch die man Schamane wird: statt genealogischer Sukzession betont er die Krise, statt der Kontinuität mit kulturellen Überlieferungen den Bruch innerhalb ihrer, die Auszeichnung durch erhöhte Erlebnisintensität, die Einheit von »Krise« mit »tragischer Größe und Schönheit« (vgl. Eliade 2012: 22). Dieses Bild des Schamanen als des sich aufopfernden Kulturhelden, hat Eliade aus einer Bearbeitung des ursprünglich von dem russlanddeutschen Forscher Wilhelm Radloff (1837–1918) überlieferten Motivs der schamanischen Jenseitsreise weiter entwickelt: Anlässlich eines rituellen Pferdeopfers im Altai-Gebiet, das die Herde und das allgemeine Wohlergehen sichern soll, steigt der Geist des in Trance gesungenen Schamanen in den Himmel, um den Geist des Opfertieres an die Stammesgottheit zu übereignen.[42] Rituelles

[42] Vgl. Radloff 1884. Znamenski macht darauf aufmerksam, dass die ersten kanonisch gewordenen Eintragungen zum Schamanismus – so in der Encyclopedia Britannica – fast vollständig aus Radloffs

Opfer und Selbstopfer, sprich: der Schamane als Garant aller anderen Opfer, haben ausgehend von Radloffs Schilderung ihr familienähnliches Potenzial mit anderen religiösen Praktiken und deren Interpretationen – insbesondere mit dem Christentum – erfahren. Bereits die Missionare der russisch-orthodoxen Kirche übersetzten den Schamanismus in ein spirituelles Vehikel für ihre Botschaft. Im Vergleich zu seinen Quellen, insbesondere zu Sergej Shirokogoroffs *Psychomental Complex of the Tungus* (1935), einer auf Englisch geschriebenen Untersuchung indigener sibirischer Religion, die jedoch im Gegensatz zu Eliade auf der Zugehörigkeit des »shamanism complex« zu dem »larger complex of cultural and social life« von Jägern und Sammlern insistiert, nahm Eliade eine Abstraktion vor, die es jedem ermöglichen sollte, Schamane zu sein, so wie jeder ein Künstler ist oder es werden kann.[43] Die Voraussetzung für diesen

---

Darstellungen destillieren, der sich seinerseits aus Schriften des russischen Missionars Wassili Werbitski bediente. Vgl. Znamenski 2007: 35ff., 172.

[43] Eine im Dienst des Wunsches nach einer eigenen Transformation und Transgression stehende Dekontextualisierung kann man ebenso im Pariser Collège de Sociologie am Werk sehen, dessen Mitglieder Georges Bataille als »Zauberlehrlinge« titulierte. Im März 1939, zur Zeit des deutschen Einmarsches in Prag, hielt Anatole Lewitzky am Collège seinen Vortrag über »Mythen und Riten des Schamanismus«, wobei er allerdings ausschließlich russischsprachige und deutsche Quellen zitierte. Bataille hat später Lewitzkys Überlegungen in Beziehung gesetzt zu seinen eigenen Interpretationen der Höhlenmalerei in Lascaux. (Hollier 2012: 498ff)

Zugriff freilich war der Umstand, dass sich die realen Vorbilder nicht mehr wehren konnten: in China und Sibirien befanden sie sich in Umerziehungslagern oder wurden Opfer polizeilicher Strafaktionen. Ihre Trommeln waren verstummt, die einen konfisziert, die anderen verbrannt.[44]

4 Die Kultur der Niederlage

Alternativen zur modernen Technik, die als Ausdruck der *Seinsvergessenheit* ebenso wie als Strategie eines feindlichen Sozialverbundes wahrgenommen werden, bot in Westdeutschland zwischen 1959 und 1972 *Antaios. Zeitschrift für eine freie Welt*,[45] deren Titel im Namen des 2000 gegründeten Hausverlags der deutschen sogenannten »Neuen Rechten« wiederkehrt.[46] Beauf-

---

[44] Vgl. Slezkine 1994: 226ff. Seitens sowjetischer Anthropologen wurden vergeblich Versuche unternommen, dem Schamanismus egalitäres, gleichsam »urkommunistisches« Potenzial zuzusprechen und ihn damit zu nobilitieren. Während der Einkleidung eines neuen Schamanen durften auch Laien auf dessen Trommel spielen, doch unterstrich dieser Moment nur die strikte Unterscheidung zwischen »heilig« und »profan«, die sich einstellte, sobald der neue Schamane »eingesetzt« worden war (vgl. Stépanoff 2019: 413)

[45] Hier und nachfolgend vgl. auch van Loyen 2015: 223–225.

[46] Es ist ohne Zweifel ein Versäumnis des vorliegenden Aufsatzes, den Schamanismus in der DDR übergangen zu haben. Schließlich gehörten dort mit dem Kirgisen Tschingis Aitmatow und dem Mongolen Galsan Tschinag zwei *Schamanen* zu den populärsten Autoren, ohne dass der Staat eigens für sie als Angehörige eines »sozialisti-

tragt von seinem Verleger, dem Weltkriegsoffizier Ernst Klett, hatte sich Ernst Jünger, etwas skeptisch zuerst, auf ein Projekt eingelassen, bei dem Mircea Eliade, ein anderer Hausautor, nominell als Mitherausgeber fungieren sollte. Die erste Nummer widmete sich dem »Magischen Flug«, der schamanischen Expertise und Vorbereitung für das, was als technisches Fliegen eher als schale Kopie erschien. Dieser Flug vor dem Flug sollte helfen, die erdhaften Kräfte zu verteidigen, die der Namensgeber, der die libyschen Gestade bewachende griechische Halbgott Antaios, verkörperte. Erst Herakles hatte ihn besiegt, indem er ihn vom Boden hob. Die Zeitschrift verstand sich als zeitgeistkritisch; in einer Zeit planetarischer Abstraktion, in der Menschen zum Mond flögen und im Kosmos Kriege geplant würden, sollte sie laut Friedrich Georg Jünger »der anderen Seite«[47] zu ihrem Recht verhelfen. Diese *reaktionäre* Perspektive vermochte es, dass zum ei-

---

schen Brudervolks« werben musste. In ihrem Fall ist es höchstens das Fremde, das in der Aneignung durch die Leser deutsche Traditionen aufgreift – das Aufgehen der Deutschen im Fremden, das jüngst David Blackbourn (Blackbourn 2023) im Unterschied zu anderen Auswanderern hervorhebt, gehört hier vielleicht zur inneren Auswanderung – und darüber hinaus romantische Motive wie die Sorge um die Einheit von Subjekt und Welt oder die Bewahrung der Natur mobilisiert. Möglicherweise war dieser *Schamanismus* in der DDR gerade wegen seiner konfessionellen Unschärfe wohl gelitten.

[47] Friedrich Georg Jünger: »Diese Erde, die Wiege und das Grab des Menschen, erscheint nicht mehr als Göttin und als Mutter, sondern als Planet unter Planeten, als Kugel unter Kugeln, und wird als das Substrat der planetarischen Planung begriffen.« *Antaios*, 1(1959): S. 82.

nen Gegenkultur verbürgerlicht werden konnte, zum anderen ein kulturwissenschaftlich interessiertes bildungsbürgerliches Publikum an der Gegenkultur teilnahm. Aufsätze über LSD (eine Erstfassung von Jüngers *Annäherungen. Drogen und Rausch*), Würdigungen der Hippiebewegung – als Widerhaken in einem Prozess globaler Beschleunigung – stehen neben Aufsätzen zu den Rosenkreuzern oder anderen Symbolen und der Entschlüsselung der in ihnen aufgerufenen Archetypen. »Symbol thut wohl«, hatte Aby Warburg einmal geschrieben, da es den »Denkraum« eröffne für Abwehr und Aneignung.[48] Es verwundert kaum, dass aus dem Autorenkreis dieser Zeitschrift die Begründer der jungen deutschsprachigen *Ethnomedizin* und *Ethnobotanik* hervorgehen sollten. So sehr man angebliche anthropologische Invarianten normativierte (die menschliche Erdbezogenheit z.B.), so sehr wurden neue Kanäle zwischen Praktiken und Interpretationen sichtbar.[49]

---

[48] Die Transformation des kultischen »Andachts«- in den »Denkraum« führt Aby Warburg paradigmatisch in seinem später unter dem Titel *Schlangenritual. Ein Reisebericht* publizierten Kreuzlinger Vortrag vor (vgl. Warburg 1988: 59).

[49] Auf Ethnobotanik und damit verbunden Psychopharmakologie kann in diesem Zusammenhang nicht eingegangen werden. Allerdings spielen beide für den deutschen Ethnoboom der 1970er und 1980er Jahre ebenso eine wichtige Rolle wie international, sollten mit ihrer Hilfe doch fremde Selbst- und Fremderfahrungen sowie das Reich extrasensorialer Wahrnehmungen zugänglich werden (der ethnologischen Gegenkultur in der Bundesrepublik Deutschland widmet

Mit Ernst Klett hatte Ernst Jünger 1959 eine Korrespondenz über die Ausrichtung des Journals geführt.[50] »Einen neuen Schatz an Legitimität«[51] sollte es anhäufen, flüsterte Jünger dem vor allem auf die Nachfahren des Eranos-Kreises erpichte Verleger zu,[52] und präzi-

sich derzeit ein vielversprechendes Forschungsprojekt von Rosa Eidelpes). Ethnobotanik und Ethnopsychopharmakologie nahmen mithin jene Relaisstellung zwischen indigenen Kulturen und europäischem Individuum ein, die in der Mitte des 20. Jahrhunderts der Parapsychologie zugedacht worden war. Allerdings galt dies vor allem für jene Kulturen, bei denen sich die Kultivierung und Verarbeitung entsprechender Stimulantien, Narkotika und Halluzinogene nachweisen ließ: sprich vor allem für die beiden Amerikas. Vor diesem Hintergrund ist es nicht erstaunlich, dass die mimetische Figur des Schamanen selbst die Kontinente wechselt: von Sibirien in die Wälder Amazoniens und in die Anden. Am als Schamanen bezeichneten andinischen Heiler werden vornehmlich von US-amerikanischen Forschern und Aktivisten (wobei zwischen beiden nicht immer zu trennen ist) die Konflikte von kolonialer und indigener Welt verhandelt, die als ›globaler Süden‹ ein Streitobjekt im Kalten Krieg darstellt. Michael Taussig interpretiert die Heilmethode im nativen Kolumbien als »healing through terror«: Heilung als mimetisches Aufgreifen, Spiegeln und Verstärken der Erfahrung von kolonialer Gewalt (vgl. Taussig 1987). Damit entsteht, durchaus vor dem Hintergrund psychopharmakologischer Expertise, eine historische Phänomenologie schamanischer Tätigkeit, deren Ansatz jener Ernesto de Martinos nicht unähnlich ist.

[50] Briefwechsel Ernst Jünger – Ernst Klett im DLA Marbach, unpubliziert.

[51] Es handelt sich bei dieser Briefstelle um ein Eigenzitat aus *Auf den Marmorklippen* (Ernst Jünger, *Sämtliche Werke*, Bd. 15: 319), dessen im »Inneren Exil« entworfene Perspektiven nunmehr einzulösen sind.

[52] Der Eranos-Kreis bezeichnet ursprünglich einen religionshistorisch

sierte, dass es zuvörderst um die Enthüllung der »Wiederkehr des Gleichen« zu tun sein müsse. Hier traf sich Jünger mit dem »Traditionalismus«, in der vornehmlich neuplatonische Denkrichtungen und Religion zu einer *philosophia perennis* amalgamiert wurden, die sich in Europa oder an west-östlichen Schnittstellen und bei entsprechenden Autoren herausbildete: bei René Guénon in Kairo, bei Julius Evola in Rom sowie überhaupt im Vorfeld des italienischen Neofaschismus (vgl. Sedgwick 2004: 188ff.), und selbstredend bei Mircea Eliade, der mittlerweile in Chicago lehrte. Jünger hatte anfangs für den Titel *Janus* plädiert, mithin für den in beide Richtungen blickenden Gott,[53] der viel deutlicher als *Antaios* den Schamanen assoziiert, auch dort, wo er die Richtungsumkehr verkörpert. Im Vergleich zur ebenfalls um diese Zeit virulierenden »Trickster«, einer Figur, in der die Umkehrung der Verhältnisse, die Aufhebung von *society* in *community* Gestalt annimmt und die wesentlich auf Ethnographien von Paul Radin und Victor Turner zurückgeht,[54] war der Schamane keine ethnographi-

---

interessierten Kreis von Heidelberger Professoren im ausgehenden Deutschen Reich, an den seit 1933 die Eranos-Tagungen im schweizerischen Ascona anknüpften, die neben Wissenschaftlern aus aller Welt ein beträchtliches Laienpublikum anzogen.

[53] Ernst Jünger an Ernst Klett, DLA.

[54] Vgl. Radin 1956, mit Beiträgen von Karl Kérenyi und C.G. Jung, sowie Turner 1967, worin Turner den liminalen Raum der Statusumkehr als einer »interstructural phase in social dynamics« zugehörig ausdeutet (98), der insbesondere als Wirkungsort afrikanischer

sche Bezugsgröße, sondern der nachlebende Verweis auf eine aufgegebene Ordnung. Als solcher kann man seinen im Vergleich zu den USA größeren Erfolg in Europa erklären; vor allem die Tatsache, dass er, was wiederum seine Thematisierung in einer Zeitschrift wie *Antaios* anzeigt, in »Kulturen der Niederlage« (Schivelbusch) gründet – dort also, wo man behaupten muss, dass angeblich wechselnde »Zeitgewänder« (Jünger) bloß verdecken, was immer gilt.

Das Ringen um ein solches Ethos belegen auch weitere im *Antaios* versammelte Essays, gerade wenn sie aus einem nominell linken Umkreis stammen. Neben den Gebrüdern Jünger, Julius Evola, ehemaligen Mitgliedern von Rumäniens Eiserner Garde, veröffentlichte dort mit Ernesto de Martino der Neubegründer der italienischen Religionsethnologie und einer der wichtigsten Referenzen der italienischen Nachkriegskultur, die sich das Abtragen der Schuld des wohlhabenden Nordens gegenüber dem ausgebeuteten Süden auf die Fahnen geschrieben hatte. 1961 erschien, wohl vermittelt durch Mircea Eliade,[55] seine fünfzehnseitige Zusammenfassung von

---

Tricksterfiguren illustriert wird. In dieser »liminal period [...] the symbolism of both androgyny and sexlessness immediately becomes intelligible« (ebd.), ein Aspekt, der bei den männlich kodierten Schamanen von Eliade fehlt.

55 Die Beziehung zwischen de Martino und Eliade ist komplex und mündet schließlich durchaus in eine zumindest vom Italiener klar benannte Alternative: in den historisch bewussten *etnocentrismo critico*

Terra di rimorso (»Land der Gewissenspein«), ein Buch, das auf kunstvolle Weise die Ethnographie und Religionsgeschichte der apulischen Tarantelbesessenheit mit philosophischer Reflexion verknüpft und in Italien bis heute ein kulturwissenschaftlicher Bestseller ist. Der am jahreszyklischen Nullpunkt der Bauerngesellschaft mit den individuellen Krisen der *Tarantati* verbundene Regenerationsritus lässt jeweils eine Person stellvertretend mit und für die Gesamtgruppe in einen ekstatischen Zustand geraten, in dem die Tarantel von ihnen Besitz ergreift, und, um mit Warburg zu sprechen, »anverwandelt« und ausagiert wird (vgl. de Martino 1962). Die choreutisch und musikalisch bewirkte Verwandlung von Menschen in Tiere, der Kontakt mit jenseitigen Mächten, die gefährliche Situation, das anschließend vom Individuum auf die Gruppe übergehende Heil sind Merkmale schamanistischer Vorgänge, wie sie Boas, Rasmussen oder Eliade verstanden.

Der Faschismus war für viele der – fast ausnahmslos männlichen – Autoren des *Antaios* eine Erfahrung der Verstrickung, der Enttäuschung oder auch der Fremderfahrung gewesen, die in Form ethnologischer Aufklärung distanziert, angeeignet und integriert werden

---

auf der einen, in das geschichtsvergessene Zusammengehen von Irrationalismus und Kulturrelativismus auf der anderen Seite. Beide jedoch waren sie Schüler von Vittorio Macchioro, dessen Arbeit über *Zagreus* (vgl. Macchioro 1920) Eliades Religionsbegriff entscheidend beeinflusste. Vgl. dazu Cesare Cases, *Introduzione*, in: de Martino 1997.

konnte und dafür den Weg des Schamanen nahelegte. Exemplarisch konzediert de Martino, auf seine intellektuelle Biografie zurückblickend, das »Primitive, Archaische und Wilde« seien nicht »lediglich um mich herum« gewesen, sondern »geschah es manchmal, dass ich auch in mir archaische Stimmen vernahm ... eine Art Chaos und Verworrenheit, die nach Ordnung und Licht verlangte« (de Martino 1975: 56). Dieser Rückblick betrifft zweierlei, die Voraussetzung des Faschismus – den Ruf nach Ordnung und Deutlichkeit – sowie den Faschismus selbst, der seine eigene Enttäuschung in sich trug. Es erstaunt darum wenig, dass das Buch, das die schamanistische Renaissance in Italien einläutete, 1948 gleichsam als wissenschaftliches Pendant zu Carlo Levis Verarbeitung seiner Verbannung in die süditalienische Basilikata erschienen war: *Il mondo magico. Prolegomeni a una storia di magismo* heißt Ernesto de Martinos Grundlagenwerk, in dem er magiegläubige und parapsychologische Erklärungen für die erstaunlichen und beunruhigenden Kräfte der Indigenen mit seiner Theorie der »crisi di presenza« überformt, die nicht anders als durch eine Aneignung der kompletten Situation kompensiert werden könne (de Martino nennt dies »riscatto«, vgl. 2007 [1948]: 92). Formulierte er hierin auch seine Abbitte gegenüber der jüngsten Vergangenheit? Die Lösung verlangt gewissermaßen ein Opfer – ein intellektuelles und existenzielles –, das die Betroffenen an einem rituellen Spezialisten, eben dem Schamanen, erlernen können, so de Martino. Dieser Schamane ist dann der *Cristo magico*. In diesen Schritten – oder in diesem Springen von den Fußstapfen des einen Mythologems in ein nächstes – vollbringt de Martino eine kulturelle Übersetzungsleistung, für die ihn Erwin Rohde vermutlich beglückwünscht hätte: vom zirkumpolaren Schamanen zu Dionysos und zur christlichen Religion. Sie bildet die Grundlage für Carlo Ginzburgs seit Ende der 1960er Jahre durch Archivrecherche plausibilisierte These vom Schamanismus als der indoeuropäischen Protoreligion, die noch im Ausgang der Hexereiprozesse im norditalienischen Friaul analysiert werden könne (vgl. Ginzburg 2020: 281-300, besonders 294-296). Mit de Martino und Ginzburg erhält der Schamanismus nunmehr ein emanzipatorisches, gegen Unterdrückung (oder allgemein gegen normierte Herrschaft) gerichtetes Moment: Schamanen bilden Geheim- oder Zwangsgesellschaften, sie sind Kristallisationskerne von marginalisierten Gesellschaften. De Martinos Schüler Vittorio Lanternari wird sie als Träger jener Energien beschreiben, die im Spät- und Postkolonialismus gegen die Besatzer mobilisiert werden.[56]

Das Bedürfnis nach einer Spiegelung der eigenen Fremderfahrung wird nicht zuletzt anhand der andro-

---

[56] Lanternari begleitet diesen Komplex von *Movimenti religiosi di libertà e salvezza dei popoli oppressi* (1960) bis zu *Ecoantropologia. Dall'ingerenza ecologica alla svolta etico-culturale* (2003).

zentrischen Konzeption des Schamanen deutlich, die von Eliade ventiliert wird und die einen Großteil der zeitgenössischen Forschung ausblendet. Schließlich hieß es, bezogen auf Sibirien, bereits 1914: »the position [...] of a female shaman is sometimes even more important than that occupied by the male«.[57] Zwar wird im Gefolge von Ernesto de Martinos 1962 im *Antaios* publizierter Arbeit über die mediterrane Tarantelbesessenheit, die besonders sozial marginalisierte Frauen betreffen sollte, mit Wilhelm E. Mühlmann der namhafteste Nationalsozialist unter den deutschen Ethnologen in seiner *Metamorphose der Frau* (1981) den Schamanismus als genuin weibliche Ekstasetechnik aufgreifen und beispielsweise Annette von Droste-Hülshoff als deutsche schamanistische Dichterin apostrophieren, in einer Reihe mit koreanischen und japanischen Autorinnen. Aber man muss gar nicht besonders halluzinatorisch lesen, um zu erkennen, dass es hier wiederum um die Bewältigung des dunklen Jahrzwölfts geht, das sich im Zeichen einer einverleibten Andersheit ausdrückt. Mühlmann konstatiert bei der Droste eine andauernde Initiationskrankheit, die sich in wiederkehrenden »Gesichten« niederschlägt und schließlich in die Vorschau undatierbarer Verhängnisse

57 Vgl. Czaplicka 1914: 242. Ein erster systematischer »Versuch [...], die Homosexualität bzw. die institutionalisierte Transvestition im Rahmen des Schamanismus als zum Strukturtyp des Besessenheitsschamanen« zugehörig aufzuweisen«, findet sich bei Bleibtreu-Ehrenberg 1970: 190.

mündet. Noch ihren berühmtesten Text, *Die Judenbuche*, deutet der Autor als Vision, in der allerdings, entgegen dem angeblichen Verlangen der Juden nach Vergeltung, »der Germane« durch die eigene Tat gerichtet wird. Knapp vierzig Jahre nach der »Endlösung« wird das Ende des deutschen Größenwahns mithin als tragisches Schicksal in die Augen einer Frau verlegt, in der ohnehin sämtliche deutschen Lieblingsmotive zusammenschießen: »Das mänadische Schweifen [...] der thrakischen Dionysos-Verehrerinnen [...] mit dem wodanistischen Entrückungsmotiv, der schamanischen ›Seelenreise'« (Mühlmann 1981: 206).

5 Die Gegenprobe

Folgt man den Trajektorien des Schamanen, wie sie aus und in die hier anzitierte »Kultur der Niederlage« führen, verwundert es kaum, wenn man 1985 Elias Canetti in Zürich notieren sieht: »Früher konntest du sagen ›Schamane‹. Jetzt ist das Wort unaussprechlich geworden.«[58] Sicher, man kann an den achtzigjährigen Nobelpreisträger denken, der schlicht zu alt ist für magische Flüge, der der damit verbundenen Inspirationssemantik – »abends auf den Helikon«, wie es über Dichter heißt – nicht länger zu entsprechen weiß.[59] Auf der ande-

---

[58] Canetti, unveröffentlicht, Nachlass in der Zürcher Zentralbibliothek.

[59] In einem anderen Aufsatz (vgl. van Loyen 2019) habe ich versucht

ren Seite aber wird man Canettis beinahe fünfzigjähriges Nachdenken über den Schamanen mitdenken müssen.

Zwischen 1939 und 1960 hat Elias Canetti seine wechselseitige Begründung von *Masse und Macht* (1960) geschrieben, großteils in der British Library, im Herzen des sich gerade auflösenden englischen Empire. Darin hat Canetti dem Schamanen eine entschieden ambivalente Stellung anvertraut: einerseits als derjenige, der über das für das menschliche Überleben unabdingbare Verwandlungswissen verfügt, die Wege und Interessen von Tieren und Pflanzen kennt, mit ihnen Abkommen schließt, andererseits als derjenige, dem die Toten als Massen erscheinen, und der mit diesem Wissen die Lebenden in Schach hält.[60] Seine Kulturtechniken bilden tatsächlich eine Ressource, wie man sich im *Antaios* ge-

---

das Autorschaftsmodell zu skizzieren, das durch die schamanistischen Bezüge der Avantgarden geprägt wurde. Neben dem Ineinander von starker Zeitgebundenheit (Stichwort: Lumpensammler) und Zeitenthobenheit (durch den Flug, den Umgang mit den Seelen), in dem Marginalität und Erwähltheit gleichermaßen durchscheinen, ermöglicht die primitivistische Aneignung des Schamanen, gleichsam außer Konkurrenz zu laufen. Auch wird die Grenze zwischen Schriftlichkeit und Mündlichkeit unscharf, zwischen Darsteller und Dargestelltem. All dies trägt zu einer, wenn man so möchte, Erneuerung der Literatur im Zeichen des Schamanismus, sprich: des mimetischen Exzesses, bei, wie sie exemplarisch von Konrad Bayer im *Kopf des Vitus Bering* (1965) vorgeführt wird, dessen Literaturverzeichnis den Autor als passionierten Leser von Canettis *Masse und Macht* (1960) ausweist.

[60] Canetti gewärtigt im Schamanen das Urbild der Verwandlungsfähigkeit, zugleich identifiziert er in der schamanistischen Trancetech-

wünscht haben mag; und somit ist der Schamane ein Freiheitssymbol, wenngleich diese Freiheit beständig bedroht ist durch den Umschlag in Größenwahn und Psychopathologie – einprägsam dargestellt anhand von Daniel Paul Schreber (»als ob er ein Schamane wäre«) in der zweiten Hälfte von *Masse und Macht*. Der Dresdner Gerichtspräsident hatte in seinen *Denkwürdigkeiten eines Nervenkranken* (1903) ausgeführt, wie er durch die körperlich gedachten Extensionen seines Geistes in Kontakt mit der gesamten Welt stand, die ausschließlich auf ihn gerichtet war (in genauer Umkehrung zu Kafkas Bauern, der nicht wahrhaben will, dass die Tür zum Gesetz einzig für ihn besteht). Canetti charakterisiert Schrebers »Als-ob«-Schamanismus als machtpolitische Phantasie: für Schreber wird alles eins, als existierte nichts für sich, während der idealtypische Schamane seine Geister (die der Toten und der Lebenden) jeweils unterscheidet, so viele es auch seien (Canetti 2010 [1960].: 411 f.). Er weiß ihre Namen, und seine Verwandlung in ein Wesen, das mit ihnen zu kommunizieren versteht, ist mehr eine Anverwandlung an sie als die Einverleibung einer fremden Möglichkeit. In einer Aufzeichnung, die später in die *Provinz des Menschen* eingewandert ist, stellt Canetti den Machthaber und den Schamanen idealtypisch einander gegenüber:

---

nik einen manischen Zug, den »Paroxysmus des Beutemachens«, vgl. Canetti 2010: 410.

»Die Macht des Tötens verschwindet vor der Macht des Beschwörens. Was ist der grösste und furchtbarste Töter verglichen mit einem Mann, der einen einzigen Toten zum Leben beschwört?

Die lächerlichen Bemühungen der Machthaber, dem Tod zu entgehen. Die grossartigen Bemühungen der Schamanen, Tote zu beschwören. Solange sie es glauben, solange sie es nicht bloss vorgeben, verdienen sie alle Verehrung.« (Canetti 2011: 218)

Canetti charakterisiert den Schamanen als einen »Meisterverwandler«, als denjenigen, der mittels Trance und Selbstverlusttechnik andere Gestalten annimmt, um mit den Geistern zu kommunizieren. Zu diesen Geistern gehören auch die unbefriedeten Toten oder – eine Überlieferung der keltischen Mythologie – das fliehende Heer. In *Masse und Macht* zeigen sich die »Seelen der Gefallenen [...] immer als vollgerüstete Krieger.« (Canetti 2010: 48) In der Beschwörung dieses Heeres, das sich dem Schamanen zeigt, könnte eine Versuchung zur Macht liegen, mindestens aber zur Unordnung (der Schamane »sieht« das Heer, er kommandiert es nicht) – wie sie bei Canetti im Begriff des »Schamanisierens« Gestalt annimmt, den er in den Aufzeichnungen der 1970er Jahre zu einem zweiten Band von »Masse und Macht« mit Hitler in Verbindung bringt[61].

---

[61] Für sein erwachendes Interesse für Ethnologie ruft auch Ernesto de Martino im Rückblick die Fremderfahrung angesichts des »Führers«

Eine gefährliche Tendenz des Schamanen rührt darüber hinaus aus seiner Verwandlungsfähigkeit her. Als Meisterverwandler ist der Schamane zugleich der »Meistverwandler«. Diesen setzt Canetti in *Masse und Macht* dem sakralen König als demjenigen entgegen, der immer der Gleiche bleibt, der im extremsten Fall, wie ihn Frazer in *The Golden Bough* (1890) geschildert hat, einem totalen Berührungsverbot unterliegt (es geht um die Veränderung des Königs im Vergleich zur Umwelt, dabei ist es gleichgültig, ob die Umwelt in ihrer Essenz verändert wird oder der König). Das Statische der Macht und das höchst Fluide des Schamanen drohen jedoch in einem Übermaß der Verwandlung zu konvergieren – die »Meistverwandlung« würde somit selbst eher zu einem Merkmal der Isolation und Unberührbarkeit als zu einem der Anverwandlung. Ist auch dadurch der »Schamane« unaussprechlich geworden?

Bevor eine Antwort auf diese Frage versucht werden soll, lohnt sich vielleicht ein Blick auf die Wege, auf denen die Figur des sibirischen »Meisterverwandlers« für den »Hüter der Verwandlung«, als welchen Canetti den Dichter, der er selbst war, begriff (1995: 364), einstehen konnte. Denn wenn es zuvor um die Mobilisierung des

---

auf, den er womöglich als Magier und Totenbeschwörer ansah: »Erano quelli gli anni in cui Hitler sciamanizzava in Germania e in Europa«, heißt es in *Promesse e minacce dell'etnologia* (de Martino 2002: 85)

Schamanismus als eine nordeuropäische *invention of tradition* ging, die nicht zuletzt die archaischen Griechen veranschaulichen sollte – als eine Verbindung von Antiquarianism und Ethnologie – die sich also gerade für Kulturen stellte, die von der Quelle der Offenbarung abgeschnitten waren bzw. diese sekundär erreichen mussten (das Zentrum Europas ist »out there«: die Bibel, die Buchreligionen, keine stammt aus Europa), durch Besessenheit und Trance, so stellte sich die Situation für einen mitteleuropäischen Juden anders dar. Im jüdischen Denken ist Schamanismus eigentlich kein großes Thema. Auf der anderen Seite – und unabhängig von einer genaueren Bestimmung, was an dem im bulgarischen Rousse geborenen und im mitteleuropäischen Wien sozialisierten Canetti »jüdisch« gewesen sei – kann man beobachten, wie im Zug wachsender Bewusstwerdung des eigenen Judentums die Beschäftigung mit einem womöglich primordialen Reinkarnationsglauben, der sich mit Ontologien verträgt, wie sie letztlich für schamanistische Überzeugungen grundlegend sind, stetig zunahm. Canettis zeitweilig wichtigster kulturtheoretischer Sparringspartner war der Prager Lyriker und spätere Oxforder Sozialanthropologe Franz Baermann Steiner (1909-1952), der sich gerade in seiner Wiener Zeit Mitte der 1930er Jahre den Zeugnissen des »Reinkarnationsglaubens« zuwandte und sie kulturvergleichend für Geburtsrituale untersuchte, etwa für das »Wehengeständnis«.[62] Diese Forschungen brachten Steiner in den Umkreis der Überlebenden aus Knud Rasmussens Equipe, die ihn sogar zu Vorträgen einluden. Man kann darin so etwas sehen wie den Versuch, die eigene kulturelle Partikularität als »nicht-westliche« Kultur mit der anderer, eher am Rand der hegemonialen europäischen Mächte sich befindenden Kulturen zusammenzuführen und eine Gegengeschichte zu etablieren, die vor die christliche Ökumene ebenso führt wie sie zur Teilung in lateinisch-römische und germanische Welt querläuft. Dieser Versuch scheint auch in Carlo Ginzburgs fragmentarischer Rekonstruktion des Schamanismus als einer indoeuropäischen Protoreligion am Werk, der gleichfalls ethnologisch verfährt, indem er auf Praktiken und deren Überlieferung anstatt auf Zeugnisse in Artefakten Bezug nimmt (und der ganz bewusst aus Gerichtsakten rekonstruiert ist, deren ursprüngliches Anliegen die Bloßstellung der Angeklagten war). Dieser »jüdische« Schamanismus würde dann gewissermaßen die Gegenprobe zum »Schamanismus als Kultur der Niederlage« darstellen, wenngleich er auf ähnliche Quellen, ja selbst Interpretationen rekurriert (im Fall Canettis und Ginzburgs wäre es die germanische Urmythologie vom »wilden Heer«, die Otto Höfler oder

---

[62] Die erwähnten Studien sind unvollendet und unveröffentlicht geblieben, sie befinden sich in Steiners Nachlass im Deutschen Literaturarchiv Marbach.

Georges Dumézil ausgeleuchtet haben – und deren Spuren bei Ginzburg unauslöschlich geblieben sind, so sehr er sich gegen sie wehrte).

Aber zurück zum Jahr 1985. Es ist das Jahr, in dem Michail Gorbatschow Vorsitzender der KPdSU wird, gleichsam der Beginn vom Ende des (letzten) Kalten Krieges. Der »Seelenraub«, den die kleinen Gemeinschaften am Rand der großen Imperien fürchten, die »Zweiteilung« der Welt, werden auf absehbare Zeit kleinere Gefahren darstellen. Die Funktion, das kosmische Gleichgewicht im Kleinen zu wahren, wie sie auch Michael Oppitz für die Schamanen angegeben hat, und wie sie Elias Canetti durchaus bewusst war, verlor für eine Weile an Dringlichkeit. 1980 hat der Amerikaner Michael Harner sein Modell des »Core-Shamanism«, das aus den Schnittmengen zahlreicher bekannter Schamanismen eine am »Institute for Shamanic Studies« lehrbare Trance- und Heilerkarriere baut, in seinem Buch *The Way of the Shaman. A Guide to Power and Healing* (New York 1980) entwickelt. Die »kulturelle Aneignung« ex post des Schamanismus ist damit auf ihrem Höhepunkt angelangt. Und die Beschwörung der Toten wird zum Moment persönlichen Empowerments, nicht Ausdruck einer Verantwortung für das Kollektive.

Diese hegemoniale Aneignung, die schließlich auch die Enteignung derer einschließt, die Schamanismus als »Kultur der Niederlage« zelebriert hatten – und damit als einen Antiamerikanismus, der gleichwohl, wie Harner bewies, »amerikanisiert« zu werden vermochte – beschließt schließlich das Widerstandspotenzial, das im historischen Schamanismus angelegt war und in lokalen Kontexten bis heute zum Ausdruck kommt. Ulla Johannsen hat in einem grundlegenden Aufsatz die These vertreten, dass der Schamanismus eine Residualfigur des Staats- und Hofauguren nach dem Ende der Imperien bzw. an deren Grenzen darstellt. Dazu passt, was Michael Oppitz in *Schamanen im Blinden Land* von 1980 und einigen Aufsätzen dargelegt hat: dass nämlich der Schamanismus in den sozialen Gruppen am Rande Chinas, im Himalaya, sich mit Legenden von der »verlorenen Schrift« verbindet, also mit einer Theorie der selbstverschuldeten und selbst gewählten Mündlichkeit, die die Reichweite und Durchsetzungskraft der politischen Macht, ihr hegemoniales Vermögen, von Anfang an eingrenzt. Anders als die Rechte – als Findeisen, Eliade, aber auch de Martino – glaubten, war der Schamane eben kein »Kulturheld«, schon gar keine a- oder vorhistorische Figur, sondern, wie man es im Rheinland angesichts des Karnevals beobachten kann, der sprichwörtliche Rest vom Schützenfest, wenn er nicht gerade für seine Klienten arbeitete.[63] Das Alberne oder Verlachte,

[63] de Martinos christologische Einkleidung des Schamanen bekennt allerdings, dass Schamanendienst ein Opfer voraussetzt. Dieses Opfer ist die »crisi della presenza«, die bis zur Schuld der Welt gesteigert werden kann. Sowohl die Figuren des *Mondo magico* von 1948 als auch die Heilerinnen in der süditalienischen Basilikata oder die Ta-

von dem die ethnologische Feldforschung zu berichten weiß, ist dann quasi der *Schild des Schamanen*. Canetti stand auf diesem Schild.

6 La rivoluzione siamo noi

Mit Joseph Beuys habe ich diesen Text begonnen, mit ihm will ich ihn beenden. Und zwar mit seiner Mimikry, in der viel Größenwahn steckt. Das sieht man heute nicht weniger als damals: Man nehme nur die Figur des Schamanen als »Seher«, als »Weltweiser«, Konnotationen die nicht abzulegen sind, und die angesichts des wachsenden Anthropozän-Bewusstseins und der Gaia-Religiosität erneut zunehmen, wenn man an den Erfolg von »Schamanen« wie den Yanomami-Seher Davi Kopenawa denkt, aber auch an die Performances von Michael Taussig, der die Wiederkehr des Schamanismus in seinem jüngsten Buch mit dem mimetischen Exzess,

---

rantelbesessenen Apuliens sind aufgefordert, sich selbst zu verleugnen. Die Handlungsmacht, die sie ihren Gemeinschaften zukommen lassen, die Erneuerung ihres kollektiven Optimismus, ist ohne den Opfergang dieser gerade in ihrer Marginalisierung als Einsame und Einzelne gezeichneten Personen nicht zu haben. Man sieht daran, wie sehr de Martinos Anthropologie dem katholischen Erbe verpflichtet ist, dass er zu laizisieren strebt (man sieht es allerdings auch daran, dass seine wichtigsten ethnologischen Stichwortgeber Missionare sind – Martin Gusinde – die die Berichte über außergewöhnliche Seher, Heiler und Schamanen in sympathischer Nähe oder bewusster Abgrenzung gegenüber dem Christentum ansiedeln.

sprich: der animistischen Wiederverzauberung der Welt in »this our global meltdown« prophezeit.[64] Ist es vielleicht gar nicht so viel Größenwahn, sondern eher ein fremder Wahn, der zum eigenen wird? Beuys jedenfalls verkörpert auch die andere, die komische, die Lumpensammler-Seite in seiner Mimikry. Und zwar zum einen dank seiner niederrheinischen Wurzeln, zum anderen aber auch dank der aufgrund ihrer technischen Reproduzierbarkeit immer rascher zirkulierenden Bilder. Im Rheinland kann Beuys auf die aus dem Karneval hervorgegangenen, sich später in diversen Sommerlagern verselbständigenden »Hunnenvereine« und die in direkter Abstammung mit ihnen verbundenen »Mongolenhorden« gestoßen sein,[65] in denen die trizonesischen Eingeborenen sich nicht zuletzt die Fremdzuschreibung der Engländer (»the Germans, the huns«) aneigneten und

[64] Vgl. Taussig 2020.

[65] Anja Dreschke hält fest, dass »sich die frühen Mongolenvereine nicht von den Hunnenvereinen [unterschieden], deren bereits etablierten ›hunnischen‹ Kleidungsstil aus Leder, Fell und Metall man adaptierte.« (Dreschke 2024: 155) Die zentralasiatischen Hirtenvölker weisen aufgrund ähnlicher Lebensform einige Gemeinsamkeiten auf – etwa den Gebrauch von Filzjurten – auch wenn sich historische Filiationen nicht genau nachweisen lassen. Eine 2018 unternommene Studie kam allerdings zum Schluss, dass in Ungarn gefundene ›hunnische‹ Gebeine ein Genom aufweisen, das stark dem heutiger Kasachen und Mongolen ähnelt. Wenn deutsche Hobbyisten in der Nachkriegszeit vom Hunnen- ins Mongolenfach wechseln, kann dies durchaus am Wunsch nach Anschaulichkeit und Zeitgenossenschaft liegen.

Abb. 3: Giuseppe Pellizza da Volpedo, Il Quarto Stato, 1898-1901

mimetisch ausagierten. Und das vermutlich nicht zum Spaß: die kaputten Städte und die von den Alliierten zugestandenen 800 kcal Tagesration werden gute Laune kaum zugelassen haben. Hier vermute ich auch den Grund, warum Beuys nach dem Zweiten Weltkrieg mit Bildern vom »Frieden in Zeiten des Khan« (mit abstürzenden Flugzeugen) oder »Dschingis Khans Grab«, einer Art eurasischer Kyffhäuservariation, hervortritt, in dessen Zentrum man bei genauem Hinschauen den Schamanen erkennen kann. Die deutsche Exkulpierung der Kriegsschuld, so viel muss man wenigstens dem Rheinland zugestehen, verläuft über die Selbstverlachung als Höhlenmensch. Und die zweite, komische Dimension von Beuys' Mimikry hätte ich ohne Thomas Macho nicht erkennen können: nämlich die Weise, wie Beuys buchstäblich aus dem ikonischen Bild des aus der Ver-

Abb. 4: Cover von Carlos Castaneda, Die andere Realität, 1972

gangenheit in die Zukunft schreitenden Mannes, des aus dem Dunkel ins Lichte gehenden Deutschen, der zugleich ein den italienischen Befreiungsbewegungen teures Bild zitiert (*Novecento* von C. Michetti) [Abb 3], auf dem Cover des deutschen Erstdrucks von Carlos Castanedas *Lehren des Don Juan* ankommt, im Jahr 1972 [Abb 4].[66] Castanedas Buch war an der Columbia University in New York gerade als ethnologische Dissertation durch-

[66] Vgl. dazu auch Macho 2008: 338f.

Abb. 5: Joseph Beuys, La rivoluzione siamo noi, 1972

gegangen. Darin befragt das Forscher-Ich einen idealtypischen »Schamanen«, den es, wie man heute weiß, so zumindest nicht gegeben hat, der aber trotzdem ein Prophet der »inneren Reisen« unter Einfluss von Ayahuasca und LSD geworden ist. Diese schamanische Anverwandlung von Beuys geht auf den März-Verlag und vermutlich auch auf das Castaneda-Übersetzerpaar Heiner und Céline Bastian zurück. Schamanismus, so viel steht fest, scheint ansteckend gewesen zu sein. Seine »Verinnerlichung« aber ist weniger Beuys' allgemeinem Künstlerbegriff geschuldet als vielmehr der psychedelischen »Provinz des Menschen«. In ihr lösen sich die Füße vom Boden, sie bearbeiten kein festes, widerständiges Terrain – und was auf dem Plakat *La rivoluzone siamo noi* [Abb 5] als Jahrhundertschritt begann, endet mit im Raum zuckenden Gliedmaßen wie bei in der Schwerelosigkeit ausgesetzten Kosmonauten.

Der Seelen wunderliches Bergwerk. Zwei Filme, ein Gedicht. Ein Epilog

Den ersten Moment kann man nie einordnen. Stets taucht er aus dem Dunkel auf und stellt vor ein Rätsel wie das von einer unsichtbaren Sonne beschienene Gesicht einer jungen Frau – Beniamina heißt sie, aber das erfährt man erst später –, die für den Mann, der zu ihr spricht oder von ihr träumt – ein paar Sekunden darauf wird er in einem Zugabteil erwachen, wie der Zuschauer unversehens auf die Gleise gesetzt – das »Letzte« sein soll, das er zu sehen begehrt. Alice Rohrwachers Spielfilm *La chimera* (Italien 2023) begleitet im Folgenden die Reise eines jungen Mannes, der den Tod der Geliebten nicht verwindet und ihr folgt in jenes Dunkel, in dem die einen ihre Wünsche ausgraben, weil die anderen dort ihre Hoffnungen auf ein Leben in Fülle versenkten. Denn Arthur, der Protagonist des Films, ist ein englischer Wünschelrutengänger, ein Aussteiger, der einer Gruppe von *tombaroli*, Grabräubern, in Mittelitalien dabei hilft, etruskische Beerdigungsstätten ausfindig zu machen. Terrakotten, Statuen, Vasen, Goldschmuck – all dies findet den Weg aus der Hand einer bunten Truppe von Tagedieben in jene der Schönen und Reichen, die sich, weil sie sich alles kaufen können, nach Verkörperungen des Unschätzbaren sehnen. In dem Moment, da beide Gruppen auf einander treffen, sich die einen in den anderen spiegeln, ist die schöne Zeit des Grabraubes als Abenteuer vorbei. Und geht Arthur seinen Weg in den Tod, ist doch das, was seine Wünschelrutenkunst aus der Erde zu schöpfen hilft, eigentlich so wunderbar, dass niemandes Augen es zu sehen verdienen. Das gilt für die unterirdischen Fresken, für eine zur Venus erklärte Jagdgöttin genauso wie für Beniamina, die Arthur in seiner Seele begraben hält. Einzig die Mutter der Geliebten, die wider besseres Wissen auf Beniamina wartet, und ihre brasilianische Gesangsstudentin und Haushaltshilfe, die die selektive Wahrnehmung ihrer Gastwirtin ausnutzt und ihre Kinder in deren riesigem Palazzo gleich mit unterbringt, lassen etwas Licht in Arthurs dunkle Höhle fallen. Sobald es darin zu hell wird, muss er weiterziehen.

Alice Rohrwacher hat einen märchenhaften Film inszeniert, der wegen der Kommentierung des Filmgeschehens im Film bisweilen an Lina Werthmüllers *cinema popolare* erinnert, aber zugleich durchzogen ist von einer Abgründigkeit im Komischen, wie sie Federico Fellini, sagen wir: ausgegraben hat. In einer langen Kameraeinstellung sieht man die Statue der unterirdischen Jägerin durch die Luft schweben wie die des Christus in *La dolce vita*, und hier wie dort fallen Feste und Enttäuschungen an einem mehr oder weniger industrialisierten Strand zusammen (Fellinis Kipppunkt ereignete sich am Strand von Fregene, Rohrwachers am Strand von Civitavecchia). Die Farbfilter, auch die Nähe zwischen Kamera und Objekt, imitieren bisweilen die Ästhetik von Super-8-Privatfilmen, man spürt den Wind förmlich auf der Haut, den Frühling, die *primavoltatità* der erinnerten Liebe zwischen Arthur und Beniamina – dann weiß man, dass nichts diesem ersten Mal je nahekommen wird. Auch dies ist ein Grund für Arthurs letztlichen Einschluss in der Tiefe.

Das stärkste Motiv des Films ist aber unleugbar das von Orpheus und Eurydike. Damit das eines immer schon entzogenen Glücks, der Erinnerung, die tödlich ist, wenn man sie nicht als Erinnerung bestehen lässt. Eurydike ist die Schimäre,[67] genauso wie der Reichtum, den man aus den etruskischen Grabkammern extrahieren möchte, wie die unbezahlbare, unschätzbare Schönheit, die das Fragmentarische zur Voraussetzung hat, als den realen Vorschein einer Idealität, die sich wiederum relativierte, brächte man sie als ein Ganzes in seinen Besitz. Aber die Schimären lauern vielleicht auch in den etruskischen Nekropolen, die man heute zwischen Cerveteri im Norden Roms, in Tarquinia und der südlichen Toskana besuchen kann. Von den Etruskern ist nichts geblieben als ihre Beerdigungsstätten, in denen man den

---

[67] Der Titel – und damit die Bedeutung von »Chimera« – wird im Vorspann auf das Fresko einer Frauengestalt projiziert, während »chimaira« im Griechischen »Ziege« bedeutet und die etruskische sogenannte Chimäre von Arezzo ein feuerspeiendes Ungeheuer mit Löwenkopf und -körper, einem weiteren Ziegenkopf und dem Schwanz einer Schlange darstellt.

Anfang der italienischen Malerei ausmachte: Fresken von Festmählern, Tänzen und Jagden, vom *floating life* als jener Abschiedsgeste, die für die Kunstgeschichte wiederum einen Anfang darstellt. Wenn die kulturellen Anstrengungen der Etrusker auf ihr Ende, oder besser: auf die letzte Schwelle, den alles entscheidenden Statuswechsel ausgerichtet waren, ist es nicht verwunderlich, dass sie Aeneas Nachfahren, den Römern und Sabinern, weichen mussten. Dieses Zelebrieren des Todes macht sie wiederum zeitlos, faszinierend wie die alten Ägypter, aber mehr als diese eignen sie sich als Projektionsfläche für ein Bewusstsein, das Ewigkeit nicht mit Gewalt und Macht, nicht mit irgendeiner Demonstration eigener Stärke, sondern mit dem sanften Verbleichen der zeitlichen Spuren in Verbindung bringen will, die man den milden Landschaften der Tuscia oder Umbriens zuspricht. Hier haben E.M. Foster oder D.H. Lawrence ihr inneres, unpuritanisches England gefunden. Genauso wie Arthur, der arbeitsam, entschieden, ja geradezu fanatisch diesem Erbe gegenübertritt, den alles hierhin zieht, wo es ihm, verglichen mit seinen Kompagnons, an der Camouflage aus Blödelei und Ignoranz gebricht, mit der er sich schützen könnte. Stattdessen ist er allen Winden ausgesetzt, und doch zugleich der Fremde, der führt.

Und damit ist schließlich die schamanistische Ebene des Films erreicht. Arthur ist ein Medium, ein Wünschelrutengänger: Wo es einen Schatz gibt, dreht sich erst das Weidwerk, dann die Welt um Arthur. Konvulsivisch zuckend fällt er zu Boden. Seine Absence indiziert eine Offerte aus der Vergangenheit, und sie signalisiert Tote. Doch ist jeder schlafende Tote – jedes Skelett, um das herum sich die Gaben einer alten Kultur scharen – auch schon die eine, die jedes etruskische Grab nur vertritt. Das wird deutlich am Ende des Films, als Arthur für Konkurrenten seiner ursprünglichen Gang ein Grab aufspüren soll, als erster hineingeht und hinter ihm der Eingang einstürzt. In der Mitte der Leinwand hängt nun ein Faden von Beniaminas Kleid, ein Ariadnefaden, den sie, oben im Licht, abschneidet. Arthur, unten, wird bald in diesem Licht stehen. Die Dunkelheit sprach, ich bin das Licht, und sie log nicht. An diesem Punkt würden ein paar Takte aus Franz Schuberts *Winterreise* nicht stören.

Am Ende aber spricht jede Überwindung des Todes, jede Aneignung der Toten aus und für ihre Zeit. Und wie *La chimera* die Archäologie einer individuellen Seele betreibt, so bettet sie sie in ihre zeitlichen Umstände (und erst das macht den Film zum besten des an guten Filmen keineswegs armen Schaffens von Alice Rohrwacher). Denn der Engländer, der zwischen den abseitigen ›borghi‹ Mittelitaliens in den 1970er und 1980er Jahren, in denen die Handlung angesiedelt ist, die Toten kontrolliert heraufbeschwören soll, kontrastiert mit einer Welt, in der die Toten gerade ungeordnet zurückkehren: mit ihrer Mobilisierung bei den neofaschistischen Attentaten auf der Piazza Fontana in Mailand, dem Anschlag auf die Stazione Centrale in Bologna und den zahlreichen

Gewalttaten in Rom. Diese Geschehnisse verleihen den *anni di piombo* Kontur mit ihren von Geheimdiensten unterwanderten Terrororganisationen, die eine Spannung aufbauen sollten, damit Italien, immerhin das westeuropäische Land mit der größten kommunistischen Partei, stärker im Westblock verankert werden konnte. Die extreme Rechte beging diese Anschläge nach Angaben ihrer Führer, um gegen die Agenten Moskaus (oder auch Washingtons) die nationale Souveränität zu verteidigen. Ironischerweise verlor Italien sie dadurch vorerst vollends. Der Terror wurde schließlich zur Geste, zu Gesinnungsterror im Wortsinn. Was bedeutet es inmitten dieser Zeit, im Hinterland den Spuren alter Toter nachzugehen, bis man in ihnen geht?

Hayao Miyazaki ist als Gründer des Studio Ghibli längst eine Ikone nicht nur des japanischen Anime-Films. Innerhalb der letzten zehn Jahre kam zweimal ein autobiografischer Streifen von ihm in die Kinos, jedes Mal ließ er seine Fangemeinde im Glauben, es sei nun der letzte. Die großen Erfolge Miyazakis sind Zauberfilme, in dem Sinn, dass die Protagonisten ihren coming-of-age-Moment tatsächlich als Verzauberung erfahren, wobei sie auf sich selbst aus einer anderen sozialen (oder auch biologischen) Position blicken. Eine junge Frau lernt die Welt, die Liebe und sich selbst als alte kennen (*Howl's Castle)*, eine andere erlebt ihre Eltern als Schweine (*Shihiros Voyage*). Geister, auch der Austausch zwischen Lebenden und Toten (etwa das Nichtgesicht in *Shihiros Voyage*) spielen eine Rolle, zudem entpuppen sich Antagonisten, selbst wenn ihre Hexerei Angst und Schrecken verbreitet, bald als ebenso verletzlich und auf Hilfe angewiesen wie die (ursprünglich) jugendlichen Helden. Anstatt von unwiderruflich bösen Mächten ist Miyazakis Kosmos von ambivalenten Seinsformen durchzogen, die ob ihrer Erscheinungsweise und der dieser einwohnenden Bewegungslogik (z.B. als schwarze Schatten, die sich als Flüssigkeiten materialisieren) unkontrollierbar und gefährlich wirken. Bis auf die letzten beiden Filme bleibt der realistische (Ausgangs-)Ort der Handlung unbestimmbar, allerdings kann man eine gewisse Vorliebe für idealisierte deutsche oder österreichische Mittelstädte erkennen. Unabweisbar aber ist, dass in sämtlichen Filmen Miyazakis das Fliegen eine entscheidende Rolle spielt: das Fliegen der Zauberer und Hexer, aber eben auch das durch menschlichen Erfindungsgeist erarbeitete Fliegen. Letzteres führt zu in ihrem technischen Eigenleben geradezu animistisch anmutenden Flugapparaten, die beständig darum kämpfen, abheben zu können (das titelgebende *Howl's Castle* erinnert an eine fluguntüchtige Eule, die Konstruktion von Flugzeugen ist das Thema in *The wind rises*, und Flugzeugkabinen, die nicht weiterverarbeitet werden, lagern im Garten des Vaters in *The Boy and the Heron*).

In den beiden letzten Filmen koppelt Miyazaki Traum und Fliegen: ein italienischer Flugzeugkonstrukteur unterweist den schlafenden Protagonisten in Fragen des Flugzeugdesigns, während der Junge im letzten Streifen verletzt im Bett liegt, als er von einem Reiher besucht wird. Diese Koppelung in den angeblich autobiografisch gefärbten Werken könnte nun wiederum dazu verführen, das Fliegen als Symbolisierung der Phantasie zu verstehen, das Zeichnen als Ersatz für das Fliegen – zumal Miyazaki selbst angibt, er habe ursprünglich wie sein Vater Flugzeugkonstrukteur werden wollen. Doch könnte man die Phantasie selbst als Ersatz für einen anderen Flug verbuchen, der unmittelbar mit der japanischen Geschichte zusammenhängt: mit Japans Niederlage im zweiten Weltkrieg einerseits und seiner radikalen Entwaffnung andererseits. Anders ausgedrückt: Während die Luftwaffen der anderen Achsenmächte Deutschland und Italien nach dem Zweiten Weltkrieg als Teil der NATO wieder starten durften, blieben Japans Flugzeuge erst einmal am Boden. In Japan mündete die Niederlage in keine neue militärische Integration, sondern zunächst einmal in die Unmöglichkeit sich verteidigen zu können. Somit besteht Japans Trauma tatsächlich in Flugzeugen, die nicht mehr abheben, ähnlich den ausrangierten gigantischen Kampfflugzeugen in *Laputa: Castle in the Sky* (1986).

The Boy and the Heron (2023) bietet nun alles auf, um als Psychodrama der Knabenjahre gedeutet zu werden. Anders als Miyazaki hat Mahito Maki, der Junge im Film, seine Mutter während der Bombenangriffe auf Tokio verloren (Miyazakis Mutter war während des Pazifikkrieges wegen Tuberkulose im Krankenhaus, er traf sie erst als Teenager wieder). Der Vater, Luftwaffenfabrikant, bringt den Sohn zu einer Schwester der Frau aufs Land, mit der er sich zwischenzeitlich verheiratet hat. Beide erwarten Nachwuchs. Der Sohn, angeleitet von einem sprechenden Reiher, gerät in den Bann eines seltsamen Turmes, hinter dessen Mauern er seine Mutter noch am Leben glaubt und in den es seine Tante im somnambulen Zustand zieht. Im Hauptteil des Films muss Mahito in diesem Turm die seltsamsten Abenteuer bestehen, wobei Zeit und Raum sich so ausdehnen, dass er schließlich seiner eigenen Mutter in ihrer Jugend begegnet. Sie bringt ihn ins Herz des Turms, wo die vermisste Tante in den Wehen liegt. Aufgrund einer Revolte übelgesinnter Wellensittiche und ihres Anführers, der in Figur und Habitus an Benito Mussolini erinnert und neben dem einmal das in lateinischen Buchstaben gehaltene Wort »Duch« (als Anspielung auf den »Duce«?) auftaucht, sind Turm und Bewohner in großer Gefahr. Mahito erfährt, dass der Turm unter Herrschaft seines Urgroßonkels – eher ein Magier denn ein Freudianischer Urhordenvater – steht, der ihm sein Reich gerne übereignen würde – Mahito müsste sich nur bereitfinden, es in einer Art Glasperlenspiel zu retten. Dazu aber müsste er frei von jeder Bosheit sein. Mahitos Einsicht, keine bessere Welt bauen zu können (oder zu wollen) als sein Vorfahre, lässt diese kollabieren – allerdings findet er noch den Ausweg, dorthin geleitet von seiner Mutter als junger Frau. Wenngleich er ihr zukünftiges Schicksal enthüllt, bleibt sie heiter in ihrer Zeit.

Miyazaki verwandelt die Ambivalenzen des Heranwachsenden – die Sehnsucht nach der Mutter, die erotische Anziehung durch deren Wiedergängerin, die zugleich vom Vater besessen wird – in ein Drama der Selbstfindung, an dessen Ende das Zauberreich der Ambivalenz verlassen werden kann. Anders gesagt, die Ambivalenzen werden ästhetisch aufgehoben und bewahrt, sie werden zu Bildern. Aber nicht nur um die Anerkennung moralischer Ambivalenz geht es, sondern auch um die Beruhigung historischer Vieldeutigkeit. *Alles, was geschehen musste, ist geschehen*, ist schließlich die Einsicht nach Mahitos Reise. Das gilt in besonderer Weise für die Mutter, die in der Anderswelt verbleibt, aber es gilt auch für die zerstörerische Dynamik dieser anderen Welt. Das Motiv steht in Miyazakis Anime nicht allein: außerhalb von Miyazakis Kosmos trifft man gleichfalls auf Geschichten, in denen durch Zeitreisen Einsichten in familiäre Vorgeschichten gewonnen werden, deren Änderung der Protagonist gerade verweigert (man denke zum Beispiel an Jiro Taniguchis Manga *Vertraute Fremde*, 1998/99). Was er erkennt, ist: dass alles so geschah, wie es geschehen musste. Diese Geschichten ähneln antiken Tragödien, in denen der Held gleichfalls keine Chance hat, und vor allem Selbsterkenntnis provoziert wird: Ungeheuer ist viel, aber nichts ungeheurer als der Mensch, lässt Sophokles seinen Chor sagen. Anders als Miyazaki, der gegen Ende des Krieges erst vier Jahre alt war, setzt die jugendliche Initiation des *Boy and the Heron* noch vor dem Ende des Pazifikkrieges ein – die letzten Bombardierungen Tokios fanden im August 1945 statt. Im Film werden im Garten des väterlichen Anwesens Flugzeugkabinen zwischengelagert, die an die Yokosuka MXY-7 erinnern, jene eigens für die Selbstmordattentate der Shimpuu Tokkotai um 1944 entwickelten Jagdflieger. Die japanische Anthropologin Emiko Ohnuki-Tierney macht in ihrer Sammlung *Kamikaze Diaries. Reflections of Japanese Student Soldiers* (2006) plausibel, wie deren Selbstopfer nicht so sehr einem unmittelbaren Sieg als vielmehr einer dauerhaften Verpflichtung der Nation Vorschub leisten soll, die ihre Würde vielleicht erst in einer »Kultur der Niederlage« gewinnt. Der bevorstehende Tod als Kamikazeflieger wird als Fanal gegen die kapitalistische Welt, als Reinigung angesehen, von manchen auch millennaristisch interpretiert als Öffnung hin zu einer völlig neuen Welt, wobei der Untergang des japanischen Imperiums durchaus einkalkuliert wird. Vielfach überwiegt aber der Eindruck, dass es nicht um ein letztes Aufstemmen, sondern um die Geste des Abschieds geht, die in Körper und Seele der Menschen nach den Kamikazefliegern einwandern soll. Diese Geste hat etwas Zauberisches dort, wo Tod und Abschied zum Sich-Verschenken werden (»to welcome a world… in which we do not have to kill enemies we cannot hate«; Ohnuki-Tierney 2006: XIII). Allerdings ist nicht ganz unwahrscheinlich, dass eine solche Aneignung des eigenen Endes eine Weise ist, mit der imperialen Kriegsideologie zurechtzukommen:

> »Even when entire corps of Japanese soldiers faced utterly hopeless military situations, the soldiers were told to die happily. This policy led to the infamous mass suicides (*gyokusai*) on Attu, Saipan, and Okinawa Islands and elsewhere and culminated in the tokkōtai operation. Conditions on the military bases gave these young men little chance to opt for life in any case. [...] Each new conscript was trained to use his toe to pull the trigger while pointing the gun precisely at a certain point under his chin so that the bullet would kill him instantly. He was supposed to use this technique if he was trapped in a cave or in a trench surrounded by the enemy. If he did not kill himself but tried to escape, he might be shot from behind, because his superiors and some comrades believed in the state dictum that one must never be captured by the enemy. In sum, once a youth was drafted, he had reached a point of no return—a powerless position that many soldiers recognized for what it was (Irokawa, pers. comm., May 20, 1999).«[68]

Daraus ergibt sich die Struktur der Tragödie mit ihren rettungslosen Helden (die, aufgeführt, gleichwohl zum Wiederaufbau der Nation beiträgt).

---

[68] Ebd.: 5.

Auch wenn es zunächst weniger deutlich vor Augen liegt: *The Boy and the Heron* ist genauso wie *La chimera* eine Variante des Mythos von Orpheus und Eurydike. Nur bringt hier Orpheus die eine Eurydike, nämlich die schwangere Tante, heil in die Welt der Sterblichen zurück, während die andere, die Mutter, schließlich jene Anderswelt repräsentiert, die eine Totenwelt sowie die der eigenen Geburt vorangehende mythische Welt einbegreift. Weil sich Eurydike aufteilt, kann Orpheus seine Aufgabe erfüllen. Das Versprechen des Reihers, der Junge würde im Turm seine Mutter antreffen, zerrinnt förmlich schon zu Beginn der Reise: »in einer der grausamsten, aber keineswegs grausam inszenierten Szenen des Films« (A. Wedemeyer, FAZ) zerfließt die Schimäre der Mutter, sobald er sie berührt. Ganz da sein wird sie für Mahito erst, wenn er sie in ihrem Werden begreift, in dem Moment, in dem sie so alt ist wie er selbst, und damit die Mutter als Gestorbene hinter sich lässt. »Say goodbye to Alexandra leaving/ then say goodbye to Alexandra lost« (Leonard Cohen).

Kaum ein Autor hat sich im Mythos von Orpheus so ausgelegt, sich so in ihn gekleidet wie Rainer Maria Rilke. Zu nennen wären hier die *Sonette an Orpheus* (1922), aber vor allem *Orpheus. Eurydike. Hermes* (1907). Jossif Brodsky hat sich die plastische Qualitität dieses Gedichts, deren Voraussetzung in seiner schon im Titel angekündigten Multiperspektivität (Sänger – Besungene – Vermittler) liegt, zum Vorbild genommen[69]: man könnte wegen dieser Rundumsicht sagen, es handele sich um ein ›filmisches‹ Gedicht.[70] Die poetologisch relevanten Schritte, die man aus dem Gedicht abstrahieren könnte, betreffen nun die Bewegung, die vom Werk als Weg zur Vervollständigung der in ihm angelegten Individualität führt und deshalb die Trennung unausweichlich macht: Man darf nicht in seinem Werk aufgehen, wenn man es schaffen will, sondern man muss der Spannung zwischen dem Subjekt, das sich im Werk realisiert, und dem Subjekt, das es quasi demiurgisch schafft, Rechnung tragen. Wo diese in der einen oder anderen Weise aufgelöst wird, zerfällt alles. Dichterische Arbeit erfüllt sich demnach, wenn man auf das Gedicht so schauen kann, dass sich das dichterische Subjekt gleichsam vor dem Eingang zeigt. Das geglückte Werk gewinnt eine Autonomie, in dem die Spur seines Schöpfers zwar präsent bleibt, er sein Geschaffenes indes nicht mehr erreicht.[71] Heißt es dann nicht auch: *Alles was geschehen musste, ist genauso geschehen*?

---

[69] Vgl. Brodsky 1996.

[70] Tatsächlich ist es schwer, sich der epischen Bewegung des Textes zu entziehen: »[…]/ Felsen waren da/ und wesenlose Wälder. Brücken über Leeres/ und jener große graue blinde Teich,/ der über seinem fernen Grunde hing/ wie Regenhimmel über einer Landschaft./ Und zwischen Wiesen, sanft und voller Langmut,/ erschien des einen Weges blasser Streifen,/ wie eine lange Bleiche hingelegt.// Und dieses einen Weges kamen sie.« (Rilke 1987: 542)

[71] Dies ist letztlich die Voraussetzungen für Rilkes berühmt-berüch-

»Fern aber, dunkel vor dem klaren Ausgang,/ stand irgend jemand, dessen Angesicht/ nicht zu erkennen war. Er stand und sah,/ wie auf dem Streifen eines Wiesenpfades/ mit trauervollem Blick der Gott der Botschaft/ sich schweigend wandte, der Gestalt zu folgen,/ die schon zurückging dieses selben Weges,/ den Schritt beschränkt von langen Leichenbändern,/ unsicher, sanft und ohne Ungeduld.«

Rilke ist wie kaum ein anderer deutschsprachiger Dichter als Künstlerschamane angesprochen worden.[72] Das hängt mit der Nähe zur esoterischen Szene genauso zusammen wie mit seiner orphischen Poetik (vgl. hierzu Magnusson 2009). In der Regel wird diese anhand seiner Sonette herausgearbeitet, seltener anhand der lyrischen Epitaphe, der Totenklagen, in denen er all sein lyrisches Ingenium aufbietet, um die Toten so zu beschwören, dass sie antworten (vgl. dazu Werberger 2006).[73] Selbst-

---

tigte Verse »Denn da ist keine Stelle,/ die Dich nicht sieht. Du musst Dein Leben ändern«. Vgl. dazu auch Macho 2011: 447ff.

72 Zur Diskursgeschichte des Künstlerschamanen vor dem 20. Jahrhundert vgl. Riedl 2014; besonders 42f.: Herders Exploration des Orphischen als der Fähigkeit, selbst wilde Tiere mit dem eigenen Gesang zu besänftigen, sowie die Fähigkeit der Totenbeschwörung bereiten Riedl zufolge das Konfluieren des Orphischen in das spätere religionswissenschaftliche Konzept des Schamanismus vor bzw. stärken die im 20. Jahrhundert zu Tage tretende »schamanistische Matrix« (Kocku v. Stuckradt). Rilke bedeutet dann das Verbindungsstück zwischen dem orphischen Dichter und dem Schamanen einer religiös engagierten Religionswissenschaft.

73 Werberger sieht die Voraussetzung dafür, dass das Gedicht sich

redend fängt eine solche Übersetzung der Totenklage in einen lyrischen Einzeltext ihre somatische Dimension nicht ein, und gerät, was sprachmagisch wirken soll, gelegentlich zu Gerede. Eindrücklich hebt sich davon allerdings »Orpheus. Eurydike. Hermes« ab, da hier zwar alle sehen, aber niemand spricht. So entsteht also, im Idealfall, eine Poetik des Behaltens und Abschiednehmens zugleich, des Behaltens im Abschied, des Abschieds im Behalten. Diese Lösung scheint näher bei Miyazaki zu sein als bei Arthur aus *La chimera.*[74] Allerdings greift gerade der italienische Film rilkesche Motivik auf – die Vögel am Schluss, die unterweltliche Höhle, die in der Schlussszene ausgeleuchtet wird gleich »der Seelen wun-

---

vormals religiöse Rituale aneignet, in seinem elitären Rückzug aus dem Markt der Literatur und Kultur ab der Mitte des 19. Jahrhunderts«, wo es zum »Spielfeld einer sakralisierten Sprache« wurde und Überreste der säkularisierten Gesellschaft wie die Trauer- und Totenkulte einen neuen fruchtbaren Speicherort finden konnten«. (op.cit.: 110).

[74] Rilkes Rezeption setzt in Japan nach der Hermann Hesses ein, mit ersten Höhepunkten um 1937 und 1941, Miyazakis Geburtsjahr. Die Verbindung lässt sich noch genauer rekonstruieren, nämlich über *The Wind rises*, dessen Titel (und einige Szenen) auf Tatsuo Horis Roman *Kaze tachinu* (1936-1938) zurückgehen. Hori war ein genauer Kenner der deutschen Literatur, der auch Rilkes *Aufzeichnungen des Malte Laurids Brigge* sowie die *Duineser Elegien* ins Japanische übersetzte. Im Schlusskapitel von *Kaze tachinu* zitiert der Protagonist nach dem Tod der Verlobten in einem Spital aus Rilkes *Requiem*: »Komm nicht zurück. Wenn Du's erträgst/ so sei tot bei den Toten. Tote sind beschäftigt./ Doch hilf mir so, dass es Dich nicht zerstreut,/ wie mir das Fernste manchmal hilft: in mir (vgl. Hamamoto 1985: 17-39).« Online http://hdl.handle.net/10112/00017732.

derliches Bergwerk« – nur dass gegenüber der mythischen Überlieferung eine Art Umkehr stattfindet: Beniamina, die »So-Geliebte«, führt ihren Arthur in die Höhle, während sie selbst den ihm hinterlassenen Faden abtrennt und ins Licht geht. Der Film, eine Falle. Wenn der Abspann einsetzt, wird Kino als Höhlengleichnis evident (vgl. Andersen 2014),[75] das allerdings deshalb das Leben bedeuten kann. Dass es Tote zum Leben erweckt und wieder als Tote ablegt, ist das stärkste Argument für die lange Dauer des Nachkriegsschamanismus.

---

[75] Die Parallelisierung von Kino, etruskischem Grab und Höhlengleichnis wird noch einmal evident, wenn man D.H. Lawrence Abstieg in eine Grabkammer in der Nekropole von Tarquinia liest (freilich ist auch Miyazakis Turm ein Grab, schon allein, weil darin Mahitos Urgroßonkel herrscht): »But the lamp flares bright, we get used to the change of light, and see the paintings on the little walls. It is the Tomb of Hunting and Fishing, so called from the pictures on the walls, and it is supposed to date from the sixth century B.C. It is very badly damaged, pieces of the wall have fallen away, damp has eaten into the colours, nothing seems to be left. Yet in the dimness we perceive flights of birds flying through the hazy sky and sea, with birds flying and fishes leaping, and little men hunting, fishing, rowing in boats. [...] Above all, from the bands of colour that border the wall at the top hang the regular loops of garlands, garlands of flowers and leaves and buds and berries, garlands which belong to maidens and to women [...] Men are nearly always painted a darkish red, which is the colour of many Italians when they go naked in the sun, as the Etruscans went. Women are coloured paler, because women did not go naked in the sun.« (Lawrence 1932, Chapter 3)

Literaturverzeichnis

Ackermann 2008.
Tim Ackermann, »*Stellt ihn nicht in die rechte Fettecke*«, in: *Welt am Sonntag*, 28.9.2008.

Andersen 2014.
Nathan Andersen, *Shadow Philosophy: Plato's Cave and Cinema*. London u. New York: Routledge 2014.

Apolito 2006.
Paolo Apolito, *Con la voce di un altro. Storia di possessione, di parole e di violenza.* Neapel: L'ancora Del Mediterraneo 2006.

Augé 1997.
Marc Augé, *La guerre des reves. Exercices d'ethno-fiction.* Paris: Éd. du Seuil 1997.

Banfield 1958.
Edward C. Banfield, *The Moral Basis of a Backward Society.* Glencoe, Il: Free Press 1958.

Bayer 1965.
Konrad Bayer, *Der Kopf des Vitus Bering*, Olten: Walter Verlag 1965

Behrend 2005.
Heike Behrend, »Die Kraft der Verwandlung. Geistmedien und Medien der Geister in Afrika«, in: Baßler, Moritz; Gruber, Bettina & Wagner-Egelhaaf, Martina (Hrsg.): *Gespenster. Erscheinungen, Medien, Theorien.* Würzburg: Königshausen & Neumann 2005, 201-214.

Benjamin 1991.
Walter Benjamin, »Über den Begriff der Geschichte«, in: Tiedemann, Rolf & Schweppenhäuser, Hermann (Hrsg.): *Gesammelte Werke I.2*. Frankfurt a. M.: Suhrkamp 1991, 690-708.

Berger 2010.
John Berger, *Presentarsi all'appuntamento. Narrare le immagini.* Milano: 24 ORE Cultura 2010.

Blackbourn 2023.
David Blackbourn, *Germany in the World. A Global History*, New York 2023.

Bleibtreu-Ehrenberg 1970.
Gisela Bleibtreu-Ehrenberg, »Homosexualität und Transvestition im Schamanismus«, in: *Anthropos* 1 (1970), 189–228.
Bourgignon 2004.
Erika Bourgignon, »Suffering and Healing, Subordination and Power: Women and Possession Trance«, in: *Ethos* 32/4 2004, 557-574.
Brodsky 1996.
Joseph Brodsky, *Von Schmerz und Vernunft. Über Hardy, Rilke, Frost und andere*. München: Hanser 1996.
Canetti 1995.
Elias Canetti, *Werke Bd. 6*. München: Hanser 1995.
Canetti 2010.
Elias Canetti, *Werke Bd. 3 (Masse und Macht)*. München: Hanser 2010.
Canetti 2011.
Elias Canetti, *Werke Bd. 4 (Aufzeichnungen 1942-1984)*. München: Hanser 2011.
Cendrars 1949.
Blaise Cendrars, *Le lotissement du ciel*. Paris: Denoël 1949.
Czaplicka 1914.
Maria Czaplicka, *Aboriginal Siberia. A Study in Social Anthropology*. Oxford: Clarendon Press 1914.
de Heusch 1981.
Luc De Heusch, *Why marry her? Society and symbolic structure*. London: Cambridge University Press 1981.
de Martino 1997 [1948].
Ernesto de Martino, *Il mondo magico. Prolegomeni a una storia del magismo*. Turin: Bollati Boringhieri 1997 [1948].
de Martino 1975.
Ernesto de Martino, »Etnologia e cultura nazionale negli ultimi dieci anni«, in: ders., *Mondo popolare e agia in Lucania*, Rom: Basilicata 1975.
de Martino 2002 [1962].
Ernesto de Martino, Promesse e minacce dell'etnologia, in: ders., *Furore – simbolo – valore*. Mailand: Feltrinelli 2002, S. 84-118

de Martino 2015 [1961].
Ernesto de Martino, *Terra di rimorso. Contributo a una storia religiosa del Sud.* Mailand: Il Saggiatore, 2015 [1961].
de Martino 1962.
Ernesto de Martino, »Land der Gewissenspein«, aus dem Italienischen von Gustav Glaesser, in: *Antaios* 1962, Bd.7,
de Matteis 2013.
Stefano de Matteis, *Mezzogiorno di fede. Il rito tra esperienza, memoria e storia.* Neapel: D'Auria 2013.
Descola 2005.
Philippe Descola, *Jenseits von Natur und Kultur.* Übers. v. Eva Moldenhauer. Frankfurt a. M.: Suhrkamp 2011. Frz. Orig.: Par-delà nature et culture. Paris: Gallimard 2005
Di Gianni & Lavagnini 2012.
Luigi Di Gianni & Enzo Lavagnini, *Rapporto Confidenziale: Cinema e vita.* Rom: Edizioni Nuova Cultura 2012.
Dreschke 2024.
Anja Dreschke, *Kölner Stämme. Mimesis und Fremderfahrung. Eine Ethnographie.* Berlin: Reimer 2024
Eliade 1951.
Mircea Eliade, »Einführende Betrachtungen über den Schamanismus«. Übers. v. Hildegard Klein, in: *Paideuma. Mitteilungen zur Kulturkunde* 5.3 1951, 87-97.
Eliade 2012 [1957].
Mircea Eliade, *Schamanismus und archaische Ekstasetechnik*, Frankfurt a.M.: Suhrkamp 2012.
Felice 2013.
Emanuele Felice, *Perché il Sud è rimasto indietro.* Bologna: Il Mulino 2013.
Findeisen 1957.
Hans Findeisen, *Schamanentum. Dargestellt am Besessenheitspriestertum nordeurasiatischer Völker.* Stuttgart: Urban 1957.
Galasso 1982.
Giuseppe Galasso, *L'altra Europa. Per una antropologia storica del meridione.* Mailand: A. Mondadori 1982.
Ginzburg 1989.
Carlo Ginzburg, *Storia notturna. Una decifrazione del sabba.* Mailand: Adelphi 2017.

Ginzburg 2019.
Carlo Ginzburg, »L'inquisitore come antropologo«, in: Presezzi, Cora (Hrsg.): *Streghe, sciamani, visionari. In margine a Storia notturna di Carlo Ginzburg.* Rom: Viella 2019.
Ginzburg 2020.
Carlo Ginzburg, »›I Benandanti‹ cinquant'anni dopo«, in: *I Benandanti*, Milano 2020, 281-300.
Harner 1980.
Michael Harner, *The Way of the Shaman: A Guide to Power and Healing*, New York/ Chicago: Harper & Row 1980.
Hauschild 2011.
Thomas Hauschild, *Von Vogelmenschen, Piloten und Schamanen: Kulturgeschichte und Technologien des Fliegens.* Dresden: Edition Azur 2011 (Begleitband zur Ausstellung »Der Traum vom Fliegen – The Art of Flying«).
Heubach 2008.
Friedrich Wolfram Heubach, »Von einem, der den Hut aufbehielt – und davon, dass er auch anderem Drucke widerstand. Bemerkungen zu Joseph Beuys und seiner Renitenz«, in: *Kult des Künstlers. BEUYS. Die Revolution sind wir*, Katalog zur gleichnamigen Ausstellung, Berlin 2008.
Hobsbawm 1999.
Eric Hobsbawm & Terence Ranger, »The Invention of Tradition in Colonial Africa«, in: ders. (Hrsg.): *The Invention of Tradition.* Cambridge: Cambridge University Press 1999, 211-262.
Höfler 2018 [1934].
Otto Höfler, *Kultische Geheimbünde der Germanen. Forschungen zum Heidentum.* Nordhausen: Bautz 2018.
Hollier 2012 [1995].
Denis Hollier (Hg.), *Das Collège de Sociologie 1937-1939. Texte von G. Bataille, Roger Caillois, George Duthuit u.a.* [Frz. Orig. Paris 1995] Dt. Ausgabe bearbeitet und mit einem Nachwort versehen von Irene Albers & Stephan Moebius. Berlin: Suhrkamp 2012.
Johannsen 1999.
Ulla Johannsen, »Further Thoughts on the History of Shamanism«, in: *Shaman* 7.1 1999, 40-58.

Johannsen 2001.
Ulla Johannsen, »Shamanism and Neo-Shamanism: What is the difference?«, in: Francfort, Henri-Paul & Hamayon, Roberte N. (Hrsg.): *The Concept of Shamanism. Uses and Abuses.* Budapest: Akademiai Kiadó (= Bibliotheca Shamanistica 10) 2001.

Jung 1996.
Franz Jung, *Werke. Bd. 1: Briefe 1913–1963.* Hg. v. Sieglinde u. Fritz Mierau. Hamburg: Nautilus 1996.

Jünger 1959.
Friedrich Georg Jünger, »Antaios«, in: *Antaios. Zeitschrift für eine freie Welt,* Jg. 1, Heft 1, S. 81-86, Stuttgart: Klett 1959.

Kopinawa 2024.
Davi Kopinawa und Bruce Albert: *Der Sturz des Himmels. Worte eines Yanomami-Schamanen.* Berlin: Matthes & Seitz Berlin 2024 [frz. EA 2010].

Kracauer 1958.
Siegfried Kracauer, *Von Caligari zu Hitler. Eine psychologische Geschichte des deutschen Films.* Hamburg: Rowohlt 1958.

Kramer 2005.
Fritz Kramer, »Notizen zur Ethnologie der Passiones«, in: Kramer, Fritz & Rees, Tobias (Hrsg.): *Schriften zur Ethnologie.* Frankfurt am Main: Suhrkamp 2005, 145-168.

Lanternari 1960.
Vittorio Lanternari, *Movimenti religiosi di libertà e di salvezza dei popoli oppressi.* Mailand: Feltrinelli 1960.

Lanternari 2003.
Vittorio Lanternari, *Ecoantropologia. Dall'ingerenza ecologica alla svolta etico-culturale.* Bari: Dedalo 2003.

Lawrence 1932.
D.H. Lawrence, *Etruscan Places.* New York: Viking Press 1932

Levi 1946.
Carlo Levi, *Cristo si è fermato a Eboli.* Turin: Einaudi 1946.

Lewis 1989.
Ioan M. Lewis, *Ecstatic Religion. A Study of Shamanism and Spirit Possession.* New York: Routledge 1989.

Luzzato 2007.
Sergio Luzzato, *Padre Pio. Miracoli e politica nell'Italia del novecento.* Turin: Einaudi 2007.

Macchioro 1920.
Vittorio Macchioro, *Zagreus: Studi sull'orfismo*. Bari: Laterza 1920.

Macho 2008.
Thomas Macho, »Wer ist Wir? Tiere im Werk von Joseph Beuys«, in: Blume, Eugen & Nichols, Catherine (Hrsg.): *Beuys. Die Revolution sind wir. Katalog zur Ausstellung im Hamburger Bahnhof – Museum für Gegenwart Berlin (3. Oktober 2008 – 25. Januar 2009)*, Göttingen: Steidl 2008, S. 338-339.

Macho 2011.
Thomas Macho, *Vorbilder*. München u. Paderborn: W. Fink 2011.

Magnusson 2009.
Gísli Magnusson, *Dichtung als Erfahrungsmetaphysik. Esoterische und okkultistische Modernität bei R.M. Rilke*. Würzburg: Königshausen & Neumann 2009.

Mancini 2008.
Silvia Mancini, »Salvation Goods and the Canonization Logic. On two popular cults of Southern Italy«, in: Stolz, Jörg (Hrsg.): *Salvation Goods and Religious Markets*. Bern: Peter Lang Verlag AG 2008, 127-148.

Mauss 1989.
Marcel Mauss, »Eine Kategorie des Menschlichen Geistes. Der Begriff der Person und des Ich«, in: Mauss, Marcel (Hrsg.): *Soziologie und Anthropologie, Bd. 2: Gabentausch. Soziologie und Psychologie. Todesvorstellungen. Körpertechniken. Begriff der Person*. Frankfurt a.M.: Fischer Taschenbuch Verlag 1989, 223-252.

Menneckes 1998.
Friedhelm Menneckes, *Beuys zu Christus. Eine Position im Gespräch/ Beuys on Christ. A Position in Dialogue*. Stuttgart: Katholisches Bibelwerk 1998.

Mosen 1991.
Markus Mosen, »Angewandte Ethnologie im Nationalsozialismus. Hans Findeisen und sein Eurasien-Institut«, in: *Jahrbuch für Soziologiegeschichte*, 1991, 249–265.

Mühlmann 1981.
Wilhelm E. Mühlmann, *Die Metamorphose der Frau. Weiblicher Schamanismus und Dichtung*. Berlin: Dietrich Reimer 1981.

Ohnuki-Tierney 2006.
Emiko Ohnuki-Tierney, *Kamikaze Diaries. Reflections of Japanese Student Soldiers*. Chicago u. London: University of Chicago Press 2006.

Penny 2013.
H. Glenn Penny, *Kindred by Choice. Germans and American Indians since 1800*, Chapel Hill 2013.

Pitt-Rivers 1966.
Julian Pitt-Rivers, »Honor and Social Status«, in: Julian Pitt-Rivers & Jean G. Peristiany (Hrsg.): *Honour and Shame: The Values of Mediterranean Society*. Chicago: Univ. of Chicago Press 1966, 19-78.

Radin 1956.
Paul Radin, *The Trickster. A Study in Native American Indian Mythology*. New York 1956.

Radloff 1884.
Wilhelm Radloff, *Aus Sibirien. Lose Blätter aus dem Tagebuche eines reisenden Linguisten*. Leipzig: Weigel 1884.

Raschzok 2015.
Klaus Raschzok, »Joseph Beuys (1921–1986) und die Figur des Schamanen im künstlerischen Werk«, in: Haringke Fugmann (Hrsg.), *Schamanismus als Herausforderung*, Norderstedt 2015, 158–190.

Rasmussen 1927.
Knud A. Rasmussen, *Across Arctic America. Narrative of the Fifth Thule Expedition*, London/New York 1927.

Riedl 2014.
Karin Riedl, *Künstlerschamanen. Zur Aneignung des Schamanenkonzepts bei Jim Morrison und Joseph Beuys*. Bielefeld: Transcript 2014.

Riegel 2013.
Hans Peter Riegel, *Beuys. Die Biographie*. Berlin: Riverside 2013.

Rilke 1987.
Rainer Maria Rilke, *Sämtliche Werke*. Bd.1., Frankfurt a.M.: Insel 1987.
Roselli 2013.
Antonio Roselli, »Actio per distans und provisorische Erfüllung: zur zeitlichen Struktur des Begriffs bei Hans Blumenberg«, in: Claudia Öhlschläger & Lucia Perrone Capano (Hrsg.), *Figurationen des Temporalen. Poetische, philosophische und mediale Reflexionen über Zeit*. Göttingen: V&R unipress 2013, 29-44
Rossi 2015 [1969].
Annabella Rossi, *Lettera da una tarantata*. Rom: Squilibri 2015.
Rossi 1986.
Annabella Rossi, *La festa dei poveri*. Palermo: Sellerio Editore 1986.
Satriani & Meligrana 1996.
Lombardi Satriani & Mariano Meligrana, *Il ponte di San Giacomo*. Palermo: Sellerio Editore 1996.
Scafoglio & De Luna 2004.
Domenico Scafoglio & Simona De Luna, »Anime perse e corpi posseduti. Gli indemoniati di Sant'Antonino«, in: Luigi M. Lombardi Satriani (Hrsg.): *Santità e tradizione. Itinerari antropologico-religiosi in Campania*. Neapel: Meltemi 2004, 173-190.
Schäuble 2016.
Michaela Schäuble, »Images of Ecstasy and Affliction. The Camera as Instrument for Researching and Reproducing Choreographies of Deviance in a Southern Italian Spider Possession Cult«, in: *AnthroVision* 4.2 2016, 1-28. https://journals.openedition.org/anthrovision/2409 (zuletzt abgerufen: 13.7.2023).
Schäuble 2019.
Michaela Schäuble, »Ecstasy, Choreography and Re-Enactment: Aesthetic and Political Dimensions of Filming States of Trance and Spirit Possession in Postwar Southern Italy«, in: *Visual Anthropology* 32.1 2019, 33-55. DOI: 10.1080/08949468.2019.1568112
Schivelbusch 2015.
Wolfgang Schivelbusch, »Das Streichholz und die Hexe. Leo

Frobenius, Ezra Pound, und das Dämonische im 20. Jahrhundert«, in: *Zeitschrift für Ideengeschichte*, 3 (2015), 59–72.

Schüttpelz 2012.
Erhard Schüttpelz, »Die Referenz des Schamanen«, in: Ludwig Jäger, Gisela Fehrmann und Meike Adam (Hrsg.), *Medienbewegungen. Praktiken der Bezugnahme*. Paderborn: Fink 2012, 243-259.

Sedgwick 2004.
Mark Sedgwick, *Against the Modern World*. Oxford: Oxford University Press 2004.

Slezkine 1994.
Yuri Slezkine, *Arctic Mirrors, Russia and the Small People of the North*, Ithaca–London 1994.

Stanzione 2010.
Don Marcello Stanzione, *I Papi e gli angeli*. Mailand: Gribaudi 2010.

Stépanoff 2019.
Charles Stépanoff, *Voyager dans l'invisible. Techniques chamaniques de l'imagination*, Paris: La Découverte 2019.

Takashi 1985.
Hamamoto Takashi, »Zum Problem der Rilke-Rezeption in der Faschismuszeit Japans – unter besonderer Berücksichtigung der Gruppe Shiki«, in: 独逸文学, Bd. 29 1985, 17-39. Online: http://hdl.handle.net/10112/00017732.

Taussig 1987.
Michael Taussig, *Shamanism, Colonialism, and the Wild Man*, Chicago 1987.

Taussig 2013.
Michael Taussig, »Animism and the Philosophy of Everyday Life«, in: Franke, Anselm (Hrsg.): *Animism Volume 1*. Berlin: Sternberg Press 2013, 199-203.

Taussig 2020.
Michael Taussig, *Mastery of Non-Mastery in the Age of Meltdown*, Chicago: University of Chicago Press 2020.

Turner 1967.
Victor Turner, *The Forest of Symbols*, Ithaca 1967.

Turner 1973.

Victor Turner, »The center out there. Pilgrim's Goals«, in: *History of Religions* 12, 3 1973, 191-230.

Ursi 1975.

Ursi, Corrado. *Lettere pastorali. 1966-1974*. Torre del Greco: Tipografia A.C.M., 1975.

van Loyen 2015.

Ulrich van Loyen, »Antaios«, in: Matthias Schöning (Hrsg.), *Ernst Jünger Handbuch*, Stuttgart 2015, 223-225.

van Loyen 2016.

Ulrich van Loyen, »Liminalität und Macht (Erhard Schüttpelz im Gespräch mit Ulrich van Loyen) », in: ders. (Hrsg.): *Der besessene Süden. Ernesto de Martino und das andere Europa*. Wien: Sonderzahl, 218-237.

van Loyen 2018.

Ulrich Van Loyen, *Neapels Unterwelt. Über die Möglichkeit einer Stadt: Eine Ethnographie*. Berlin: Matthes & Seitz 2018.

van Loyen 2019.

Ulrich van Loyen, »Kulturhelden wie wir. Über Nachkriegsschamanismus«, in: *Weimarer Beiträge 2019/2*, 165-182.

Warburg 1988.

Aby Warburg: *Schlangenritual. Ein Reisebericht*. Mit einem Nachwort von Ulrich Raulff. Berlin: Wagenbach 1988.

Werberger 2006.

Annette Werberger, »Zwischen Totenkult und Textkult. Der Mensch, der Gott und das Gedicht«, in: Eiden, Patrick et al. (Hrsg): *Totenkulte. Kulturelle und literarische Grenzgänge zwischen Leben und Tod*. Frankfurt u. New York: Campus 2006.

Witzel 2023.

Frank Witzel, *Kunst als Indiz*. Berlin: Schlaufen 2023.

Znamenski 2007.

Andrei A. Znamenski, *The Beauty of the Primitive. Shamanism and Western Imagination*, Oxford 2007.

Filmographie

Deren 1954.
Maya Deren, *Divine Horsemen. The Living Gods of Haiti.* USA 1954.

Di Gianni 1965.
Luigi Di Gianni, *Il male di San Donato.* Italien 1965.

Di Gianni 1968.
Luigi Di Gianni, *Nascita di un Culto.* Italia, 1968.

Di Gianni 1972.
Luigi Di Gianni, *La possessione.* Italien 1972.

Mingozzi 1962.
Gianfranco Mingozzi, *La taranta.* Italien 1962.

Miyazaki 2023.
Hayao Miyazaki, *The Boy and the Heron*, Japan 2023.

Rohrwacher 2023.
Alice Rohrwacher, *La chimera*, Italien 2023.

Abbildungsverzeichnis